U0453376

《世界政治研究》
WORLD POLITICS STUDIES

学术顾问	时殷弘　杨光斌　黄嘉树　陈　岳　宋新宁
	黄大慧　周淑真　蒲国良　陈新明　王续添
主　　编	田　野
副 主 编	尹继武　韩冬临　李　巍
编辑委员会(按姓氏汉语拼音排序)	

包刚升(复旦大学)	保建云(中国人民大学)
陈定定(暨南大学)	戴长征(对外经济贸易大学)
方长平(中国人民大学)	何俊志(中山大学)
黄　平(中国社会科学院)	黄琪轩(上海交通大学)
蒋俊彦(哥伦比亚大学)	金灿荣(中国人民大学)
刘　丰(清华大学)	卢春龙(中国政法大学)
马得勇(中国人民大学)	曲　博(外交学院)
宋　伟(中国人民大学)	苏长和(复旦大学)
孙　龙(中国人民大学)	王缉思(北京大学)
王逸舟(北京大学)	王英津(中国人民大学)
王正绪(复旦大学)	王正毅(北京大学)
谢　韬(北京外国语大学)	阎学通(清华大学)
袁正清(中国社会科学院)	张顺洪(中国社会科学院)
张宇燕(中国社会科学院)	赵鼎新(芝加哥大学)
赵可金(清华大学)	钟飞腾(中国社会科学院)

编辑部　田　野　尹继武　韩冬临　李　巍　段占元
　　　　　左希迎　金晓文

图书在版编目(CIP)数据

世界政治研究.2023年.第四辑：总第二十辑／中国人民大学国际关系学院主办.--北京：中国社会科学出版社，2023.10
ISBN 978-7-5227-2900-8

Ⅰ.①世… Ⅱ.①中… Ⅲ.①国际政治—研究 Ⅳ.①D5

中国国家版本馆CIP数据核字(2023)第242626号

出 版 人	赵剑英
责任编辑	侯聪睿　孙延青
责任校对	师敏革
责任印制	张雪娇

出　　版	中国社会科学出版社
社　　址	北京鼓楼西大街甲158号
邮　　编	100720
网　　址	http：//www.csspw.cn
发 行 部	010-84083685
门 市 部	010-84029450
经　　销	新华书店及其他书店
印　　刷	北京明恒达印务有限公司
装　　订	廊坊市广阳区广增装订厂
版　　次	2023年10月第1版
印　　次	2023年10月第1次印刷
开　　本	787×1092　1/16
印　　张	9.25
插　　页	2
字　　数	161千字
定　　价	58.00元

凡购买中国社会科学出版社图书，如有质量问题请与本社营销中心联系调换
电话：010-84083683
版权所有　侵权必究

世界政治研究

2023 年第四辑（总第二十辑）　　10 月 20 日出版

笔谈：世界政治中的竞争与变革 ……………………………………（ 1 ）
　　变与不变：战后国际秩序的现状与未来 ……………… 贾庆国（ 1 ）
　　均势律与中和律：大国政治的逻辑 …………………… 赵可金（ 8 ）
　　位置竞争与中美关系 …………………………………… 宋　伟（ 14 ）
　　动荡变革期地缘政治的回潮与流变趋势 ……………… 宋德星（ 20 ）
　　"新大博弈"还是"差序竞合"？
　　　　——大国在中亚地区互动的深层特征 ……………… 曾向红（ 26 ）
　　大国技术竞争如何重塑国内政治经济？ ……………… 黄琪轩（ 32 ）
　　技术创新的分配效应及其对国际竞争的影响 ………… 张倩雨（ 40 ）
　　国际制度间竞争的焦点和形式 ………………………… 刘宏松（ 45 ）
　　国际制度间竞争的时间维度 …………………………… 宋亦明（ 48 ）
全球政治的时间维度与大国竞争的动态演化 …………… 曹德军（ 55 ）
为什么脱钩黄金的美元仍然是世界货币：企业组织能力与
　　国家结构性权力 ………………………………………… 李晨阳（ 81 ）
政治力量结构与转型国家的"国家—资本"关系
　　——以俄罗斯和乌克兰的国家形态演变为例 ………… 聂俣诚（108）

Abstracts ……………………………………………………………（140）

笔谈：世界政治中的竞争与变革

【编者按】作为国际关系发展变化的一条主线，国家间竞争对世界政治产生了深远的影响。一方面，国家间竞争影响了世界秩序的变迁；另一方面，国家间竞争影响了各个国家内部的政治经济发展。国家间竞争给世界政治研究提出了诸多尚待回答的重要研究问题。为此，我们约请相关学术领域的9位学者，就如下四个基本问题进行讨论：（1）国际竞争与国际秩序；（2）地缘竞争与世界政治变革；（3）技术竞争与世界政治变革；（4）国际制度竞争与世界政治变革。我们期待通过这组稿件激发学界对竞争与世界秩序变革的深入思考。

变与不变：战后国际秩序的现状与未来

贾庆国[*]

最近一些年，国内外不少人认为国际秩序正在无可挽回地走向终结，这里面

---

[*] 贾庆国，北京大学国际关系学院教授，北京大学中外人文交流研究基地主任。

既包括自由主义的代表人物约翰·伊肯伯里《自由主义国际秩序的终结》①，也包括进攻性现实主义的鼓吹者约翰·米尔斯海默《注定失败：自由国际秩序的兴衰》②。美国特朗普政府挑战国际秩序的各种做法，俄罗斯发动针对乌克兰的军事行动，等等。面对上述情况，包括联合国在内的国际组织和国际机制，既无力阻止，也无法有效应对。人们不禁要问，战后国际秩序真的在走向终结吗？

应该说，战后国际秩序变革是必然的，毕竟从联合国成立到现在已经过去70多年了，在此期间，世界发生了包括冷战、大国兴衰、全球化、科技革命、冷战结束等在内的这些具有历史意义的变化。面对这些变化，战后国际秩序保持不变是不可能的。但问题是，这个秩序变在哪里，如何看待这些变化，导致变化的主要因素有哪些，未来国际秩序将如何演变，这是本文希望探讨的问题。

一 战后国际秩序的变与不变

一般而言，所谓秩序，至少应该涵盖两个方面：一个是体制机制；另一个是体制机制体现和维护的价值原则。

历史上，秩序的改变大致有四种类型。第一种，体制机制和价值原则都变。比如，经济秩序，从计划经济体制及其体现和维护的价值原则转向市场经济体制及其体现和维护的价值原则；政治秩序，从君主制及其体现和维护的价值原则转向共和制及其体现和维护的价值原则。第二种，体制机制不变，价值原则变，如第二次世界大战结束以来，韩国的政治体制机制形式上没有太大变化，但它体现和维护的价值原则变了，也就是从专制的变成民主的了。第三种，体制机制变，价值原则不变，如苏联解体后的俄罗斯，尽管形式上采用西方民主制度替代了苏联的集权制度，但其价值取向和实际做法上并没有太大变化。第四种当然就是体制机制及价值原则都没有变化。

---

① G. John Ikenberry, "The End of Liberal International Order?" *International Affairs*, vol. 94, no. 1, January 2018, pp. 7 - 23.

② John J. Mearsheimer, "Bound to Fail: The Rise and Fall of the Liberal International Order," *International Security*, vo. 43, no. 4, 2019, pp. 7 - 50.

表1　　　　　　　　　　　　　　体制变革类型

价值原则	体制	机制
	变/变	变/不变
	不变/变	不变/不变

当前国际秩序的转型属于上述哪种类型的变化？是体制机制和价值原则都发生了变化，还是体制机制没变，价值原则变了，还是体制机制变了，价值原则没变，还是体制机制和价值原则都没有变？分析现实情况，我们发现上述四种情况都无法反映战后国际秩序的变化。

首先，"二战"后国际秩序的体制机制没有变。联合国、世界银行、国际货币基金组织、世界贸易组织等众多国际组织仍然继续存在，国际法和国际规范也继续存在，世界上绝大多数国家仍然选择继续参加联合国和国际组织，绝大多数国家在绝大多数情况下仍然认同和遵守国际法和国际规范。

其次，战后国际秩序体现和维护的价值原则也没有出现根本性变化。这些价值原则体现在《联合国宪章》和各类国际法和国际协议中，包括主权平等、互不侵犯、和平解决国际争端、不干涉他国内政、人权、法治、自由贸易、共同但有区别的责任等。世界上绝大多数国家仍然认同和支持这些价值原则，没有国家试图从根本上挑战和改变这些价值原则。

最后，现有主要大国都在现存的国际秩序中有着重大的利益，也都接受和认同现存国际秩序的基本价值原则。无论是西方大国（美国、英国、法国、德国等）还是崛起大国（中国和印度），都支持国际组织和国际机制，无意放弃现存的国际秩序。即使是俄罗斯，尽管它在一些问题上对现存国际秩序的某些方面极度不满，但也没有要推翻国际秩序另搞一套。

既然国际秩序的体制机制和价值原则都没有出现根本性变化，那国际秩序究竟变在哪里呢？仔细分析现实情况，我们发现最大的一个变化是这个秩序曾经一些被看重的价值原则不再像过去那样得到重视，而另外一些原来不太被看重的价值原则正受到越来越多的关注。

分析"二战"后国际秩序的价值原则，我们大致可以将其分为两类：一类是意识形态色彩比较强的价值原则，如自由、民主和人权；另一类是意识形态色彩比较淡的价值原则，如国家主权、领土完整、不干涉他国内政、和平共处等。

出于便于分析的考虑，我们姑且把前一种价值原则称为意识形态价值原则，把后一类原则称为世俗价值原则。西方国家一般比较推崇意识形态价值原则，其他大多数国家则更加关注世俗价值原则。值得注意的是，这两种价值原则（无论是意识形态价值原则还是世俗价值原则）都存在于《联合国宪章》和诸多国际法和国际条约中，绝大多数国家原则上都是接受的。

在"二战"后相当长时间内，意识形态价值原则对国际秩序中的影响比较大。特别是冷战结束后一段时间里，甚至一度主导了人们对国际秩序的理解。当时国际上不少人宣称：时代不同了，传统的主权观念过时了，现在是人权高于主权。如人权观察执行总裁肯尼斯·罗斯（Kenneth Roth）声称，"我们将记得1999年是主权在犯下危害人类罪的地方让位的一年"[1]。正是由于这个原因，西方一些人将战后国际秩序认定为自由国际秩序（liberal international order），伊肯伯里写道："这个美国领导的国际秩序，说到底，就是一个捍卫和支持共享自由民主政治空间的民主联盟。"[2] 然而，最近一些年，这种情况出现了变化，意识形态价值原则的影响力明显下降，突出地表现在一些迅速崛起的发展中国家，包括中国和印度，抵制西方国家对外输出其价值观、干涉他国内政的做法，也表现在包括美国在内的一些西方国家对外推行其价值观的意愿和决心有所下滑。特别是美国在特朗普执政时期，它的一些做法，即使在很多西方人看来，挑战了美国自己主张的价值原则。这些都引发了西方不少人对自由主义国际秩序终结的担心和忧虑。与此同时，世俗价值原则的影响力上升。越来越多的人把应对与这类价值原则直接相关的挑战，如大规模传染性疾病、核武器扩散、气候变暖、乌克兰危机、巴以冲突等问题，放在越来越突出的地位。

总之，战后国际秩序并没有像有些人认为的那样走向终结，国际社会仍然认同和支持现有的国际秩序，无论是体制机制上还是价值原则上都是这样。但是，战后国际秩序的确在发生重要变化，突出地表现在意识形态价值原则的影响力在

---

[1] Human Rights Watch, "Human Rights Trump Sovereignty in 1999: Crimes Against Humanity Provoke International Action," https://www.hrw.org/news/1999/12/09/human-rights-trump-sovereignty-1999.

[2] G. John Ikenberry, "The End of Liberal International Order?" p. 17; G. John Ikenberry, "Why the Liberal World Order Will Survive," *Ethics & International Affairs*, vol. 32, no. 1, 2018, pp. 17–29; Tanja A. Börzel, Michael Zürn, "Contestations of the Liberal International Order: From Liberal Multilateralism to Post-national Liberalism," *International Organization*, vol. 75, no. 2, 2021, pp. 282–305.

下降，世俗价值原则的影响在上升。

二 为什么会出现上述变化？

为什么会出现价值原则影响力的变化？背后的原因至少有三个。第一个是西方国家整体实力和主导国际秩序的能力下降。冷战结束以来，这一趋势尤为明显。有数据表明，G7 在世界 GDP 的占比，从 1992 年的 68% 下降到 2015 年的 47%[1]，再到 2018 年的 30.15%，有分析预测 2023 年会进一步降到 27.26%。[2] 虽然西方国家军事上下滑的速度要慢一些，但也出现了明显下降。北约的军事开支从过去占世界军事开支的 2/3 左右降到 2017 年的一半左右。[3]

第二个原因是作为世界上最强大的国家，美国领导国际秩序的意愿大幅下降。"二战"后国际秩序是当年美国牵头多国协商建立起来的。长期以来，作为领导者，美国在这个国际秩序中拥有很大影响力，也是最大的受益方。但是，发挥领导作用是要承担责任的，也是有成本的。在美国实力超强的时代，美国民众对美国承担国际责任并没有多大怨言，但是，随着美国实力的下滑，特别是美国国内两极分化趋势加剧，美国民众对美国在国际上承担责任的支持明显降低，最终导致美国政府领导国际秩序的意愿不断走弱。特别是在特朗普时期，美国不仅拖欠包括联合国在内的国际组织的会费，阻挠包括联合国和世贸组织在内的一些国际组织正常发挥作用，还退出了一些国际组织和国际协议，包括联合国教育、科学及文化组织（教科文组织）、跨太平洋伙伴关系和《巴黎协定》等。特朗普政府还撕毁美国与相关国家之间的贸易协定，要求重新谈判，并针对一些国家出口美国的商品实施高额进口关税。美国的上述做法进一步削弱了西方国家对现行国际秩序的影响力。

第三个原因是一些非西方大国自身实力明显提升。根据国际货币基金组织的

---

[1] Barry P. Bosworth, "Not-so-great Expectations: The G–7's Waning Role in Global Economic Governanc," https://www.google.com/amp/s/www.brookings.edu/blog/order-from-chaos/2016/05/24/not-so-great-expectations-the-g-7s-waning-role-in-global-economic-governance/amp/.

[2] Lau, L. J., Ph, D., & Sc, D. S., "Global Economic Trends Rates of Growth of Real GDP of G7 Countries. East," pp. 1–50, 2002, https://www.statista.com/statistics/722962/g20-share-of-global-gdp/.

[3] Andrew Macdonald, Fenella McGerty & Guy Eastman, "NATO Members Drive Fastest Increase in Global Defence Spending for a Decade," https://ihsmarkit.com/research-analysis/nato-members-drive-fastest-increase-in-global-defence-spending.html.

估计，按照平价购买力方式计算，2023 年，金砖五国的国民生产总值占世界国民生产总值的 32.1%——与 1995 年的 16.5% 相比将近翻番，而且超过 G7 国家的 29.9%。①

随着这些国家实力的增加，它们对现有的一些国际制度安排越来越失望和不满，如印度对国际社会对其大国地位的承认不足感到不满，很多其他国家对西方国家干涉其内政不满。这种不满正导致这些国家寻求改变目前的一些国际安排。由于这些国家更加重视世俗的价值原则，这些国家实力的增长使它们在推动秩序变革的过程中，不仅改变了国际秩序的一些具体的制度安排，而且导致过去国际秩序中长期被轻视的世俗价值原则得到越来越多的关注。

三 未来国际秩序的演变

未来国际秩序的演变大概率还会沿着前期变化的轨道进行，体制机制及其体现和推动的价值原则总体不会发生太大的变化。这有以下几个原因。第一，在现有秩序下，各国普遍接受一些共有的价值和原则，如主权、互不侵犯、不干涉别国内政、人权、法治、自由贸易以及共同但有区别的责任。在一般情况下，各国遵守国际法和准则。现存国际组织使各国有机会表达他们对国际事务和一些做法的不满，同时为讨论解决紧迫全球问题的方法提供了必要的平台支撑。此外，这个国际秩序还为世界出现前所未有的繁荣创造了条件。第二，世界上大多数国家都在现有秩序中有着重大的利益，因此更有可能坚持这一秩序。高收入国家可以预期它们的财富将得到保护，低收入国家可以期待援助。各国可以通过国际法和国际规则以这样或那样的方式保护它们的利益。大多数国家质疑现存国际秩序更多的是利益分配上的不公正，而不是利益上的绝对损失。这些国家可能对现有国际安排中的某一部分感到不满，但它们无意推翻整个国际秩序，也没有提出任何能够取代现存国际秩序的系统方案。因此，尽管特朗普执政时期美国退出了一些国际机构，但大多数国家还是选择支持这些国际机构和国际机制，无论是联合国教科文组织和联合国人权委员会，还是伊朗核协议和《巴黎协定》等。即使是像印度这样的新兴国家，尽

---

① Felix Richter, "The Rise of the BRICS," Statista, https://www.statista.com/chart/30638/brics-and-g7-share-of-global-gdp/.

管认为现行的国际秩序没有对它们的声音和利益予以足够的关注和尊重（印度希望成为联合国常任理事国），但也只呼吁改革，而不是提出建立一个新秩序来取代现有的国际秩序。第三，作为世界上综合国力最强大的两个国家，中美两国都会尽力维护现存的国际秩序。的确，近年来中美关系出现紧张，但中美间的冲突很可能会是有限度的。两国都是核武器国家，两者都在现有的国际组织中有重大的影响力，两国都是国际秩序的利益攸关方，尽管它们对国际秩序的某些方面感到不满，但它们都希望维持这个秩序。在这种情况下，无论是打一场战争还是经济"脱钩"，都不是理性和现实的选择。由于种种原因，未来它们之间的关系可能会变得具有更多对抗性，但两国大概率会继续遵守诸如《海上意外相遇规则》，继续保持经贸关系，并会继续摸索和平共处的途径。此外，出于自身利益和愿望，两国还会在许多问题上进行合作，无论是打击跨国犯罪，还是应对大流行性疾病和全球气候变化。此外，大多数其他国家都在保持中美之间稳定和建设性的关系中有既得利益，如果不发生意外，它们不会主动在两国之间选边站，并鼓励中美两国寻求和平共处的方式。

其次，在可以预见的将来，导致国际秩序中西方国家偏好的价值原则的影响力式微和绝大多数国家都能接受的那部分价值原则走强的主要原因大概率不会变化。西方主要国家经济增长在未来一段时间内将维持较低水平，发展中经济体的增长率要快得多。根据国际货币基金组织的报告，发达经济体 2023 年平均增长率为 1.5%，2024 年为 1.4%。与此同时，新兴市场和发展中经济体 2023 年和 2024 年将分别增长 4%。[①] 在此背景下，前期开始的国际秩序中西方国家偏好的价值原则的影响力式微和绝大多数国家都能接受的那部分价值原则走强的进程有望继续。

最后，当然，历史的发展总是充满变数的。尽管国际秩序的上述走向大概率会继续，但也不能排除一些偶发性事件导致历史进程的改变，如俄乌冲突引发核战争的可能性依然存在，因美国国内政治导致中美全面对抗的可能性也不能完全排除，等等。尽管上述情况出现的可能性极低，但一旦出现，对现行国际秩序的冲击很可能会是根本性的。

---

① International Monetary Fund, "World Economic Outlook: Navigating Global Divergence," Washington, D. C., 2023, p. xvi.

均势律与中和律：大国政治的逻辑

赵可金[*]

近代以来，大国竞争是世界政治的重要组成部分，大国兴衰的历史就是大国之间折冲樽俎、纵横捭阖的历史。如何解释世界政治变革的逻辑，一直是国际关系理论研究乃至世界历史研究的重要话题。迄今为止，无论是国际关系理论中的现实主义理论、自由制度主义理论和建构主义理论，还是世界历史中大国兴衰理论和文明史研究，均陷入了"主体—客体"二分认识论的冲突螺旋，核心逻辑归结起来就是遵循均势律，形成了安全困境论、"修昔底德陷阱"论、国际冲突论和战争论等。均势律是牛顿主义世界观的产物，它过于偏重国际体系中的"军事—经济"等物质力量，只能解释大国政治的兴衰起伏，无法解释世界政治的进化和变革。

一 世界政治变革的性质

世界政治中的变革是大国竞争的产物还是大国竞争是世界政治变革的表现？这个问题可能需要在逻辑上首先弄清楚。近代以来，人们倾向于把大国竞争作为自变量来解释世界政治变革，比如罗伯特·吉尔平、保罗·肯尼迪、亨利·基辛格等，形成了世界政治变革的国家中心主义路径。事实上，国家中心主义路径仅仅抓住了世界政治变革的一部分内容，并不是世界政治变革的全部。如果放宽历史视野的话，就会看到大国竞争只是近代以来的产物，或者说是威斯特伐利亚体系建立以来的产物。在威斯特伐利亚体系之前的很长一个时期内，大国之间的竞争实际上持续的时间是非常短的，更多时候是连时间都懒得记忆的那些平静的帝国时代，比如古代的波斯帝国，欧洲的罗马帝国，中东的奥斯曼土耳其帝国，东

---

[*] 赵可金，清华大学社会科学学院副院长、教授。

亚的中华帝国，印度的莫卧儿帝国，美洲的阿兹特克帝国和印加帝国，非洲的加纳帝国、马里帝国和桑海帝国，有些帝国几百年甚至上千年都没有变化，也没有其他大国和它竞争，并不是吉尔平解释的世界政治中的大国竞争。事实上，无论是波斯的《治国策》和印度的《政事论》，还是古典时代中国的《论语》和《资治通鉴》，关注的核心问题并不是大国竞争，而是帝国护持。

大国竞争和帝国护持，是世界政治变革的两个核心问题。近代以来，西方思想家更关注大国竞争，相对忽略了帝国护持。事实上，爱德华·吉本的《罗马帝国衰亡史》和孟德斯鸠的《论罗马帝国兴衰之原因》等十分关注帝国护持问题，近代后演变成金德尔伯格等关注的霸权护持问题。以研究梅特涅擅长的基辛格对世界政治的理解回到了维也纳体系，强调界定世界秩序的两个指标：一个是均势（balance of power），认为大国之间保持力量平衡是世界秩序的基础，此种认识显然受到了牛顿力学世界观的影响，一直持续到现在；另一个是政治正当性（political legitimacy），即一个政权或王朝对特定土地持有的政治合法性基础，这是在威斯特伐利亚体系之前就一直存在的。在《世界秩序》一书中，基辛格在分析世界秩序时又重提均势和政治正当性两个概念，认为决定当今世界秩序的力量均衡还在起作用，但认为左右今天世界秩序变革的因素更主要的是政治正当性。他逐一分析了欧洲、中东、亚洲等当今世界各个地区的情况，包括从欧洲到中东到亚洲各个不同地方的政治秩序正当性基础的位移及其引发的地区政治秩序变化。从这个意义上来讲，世界政治变革遵循两条规律，一条是均势律，一条是中和律，只有把握两条规律的基本逻辑，才能准确理解世界政治变革的性质和方向。

二 世界政治变革的均势律

世界政治中的大国政治悲剧可以一直追溯到古希腊，地中海文明内蕴着一种冲突和战争的基因。哈佛大学教授格雷厄姆·艾利森将大国政治的悲剧宿命追溯到了古希腊的雅典和斯巴达之间的冲突，解释了从古代城邦之间就一直存在着的力量消长变化及其伴随的冲突和战争现象：从古希腊城邦冲突到中世纪王朝战争，从近代以来的国家间冲突到20世纪以来的两次世界大战和冷战。

均势规律很早就有，但真正成为决定世界政治变革的基础规律是近代威斯特伐利亚体系建立以来的事情。在经历了西班牙王位继承战争和拿破仑战争之后，维也纳和会对世界政治的规划就遵循了均势规律，19世纪的欧洲百年和平也被认为是维也纳体系均势体系的产物。但到了20世纪之后，由于国家之间力量发展不平衡及其基于均势规律的不同组合，形成了两大集团的对峙。19世纪中后期已经出现了英国和俄国从陆地和海洋的军事对峙，在中东、在东亚以及在世界各地出现了所谓19世纪的冷战。尽管俄国和英国之间没有打热战，但19世纪俄国和英国是19世纪国家关系均势律的体现。到了20世纪之后逐渐演变成为以英国、法国、俄国为主导的协约国和德国、奥匈帝国、奥斯曼土耳其为主要成员的同盟国，两大集团之间的对峙和战争，左右了"一战"及其战后的安排。此后，大国之间的力量对比在均势律下纵横捭阖，再次导演了"二战"和冷战，左右了以联合国体系为中心的国际政治安全秩序和以布雷顿森林体系为中心的国际经济金融秩序，均势规律一直是我们观察和理解大国关系变化和世界政治经济变革的重要线索。

大国关系对世界政治变革的动力逻辑成为学界理解大国兴衰、世界政治变革乃至大国政治悲剧等理论的现实基础。耶鲁大学的保罗·肯尼迪在《大国的兴衰》中将均势的规律按照技术、财政（金融）、军事和地缘政治等四个维度展开了。在这四个维度中，大国之间纵横捭阖最终表现为近代以来大国的兴衰史。这本著作的影响在国际关系、史学界甚至整个世界史上都非常大。罗伯特·吉尔平的《世界政治中的战争与变革》则以主流国际关系理论的学理剖析让大国关系与世界政治的逻辑更加紧密，奠定了新现实主义的基础。约翰·米尔斯海默的《大国政治的悲剧》更是将其提升到进攻性现实主义的大理论高度。20世纪中后期以来，关于均势律的研究不断丰富和发展，出现了威胁均衡（balance of threat）、软制衡（soft balancing）等新理论观点。迄今为止，学界普遍认为，均势律在一种条件下是起作用的，而且现在均势规律还在大国关系中起作用，只要存在着力量大致相当的无政府状态，均势的规律就起作用。

从均势律出发，决定世界政治变革未来方向的主要因素是中、美、俄的战略大三角的大国关系。今天思考、观察、预测世界政治变革的未来前景时，更多的是从中美俄力量对比的变化来理解均势律或者理解基于均势的大国竞争，很多学者都在争论世界政治未来是不是会走向新冷战？比如哈佛大学格雷厄姆·艾利森提出的"修昔底德陷阱"论引发了广泛关注。特别是特朗普任期结束之后，中美在经贸、高科技等问题上的竞争，似乎揭示了中美已经陷入了"修昔底德陷阱"，甚至还有不少人认为中美关系不存在"十字路口说"，而是已经过了十字路口，也回不到过去了，世界的未来就是新的冷战对峙。不管这一判断是否立得住，但均势律确实在其中起作用是毋庸置疑的，世界政治各个方面都受制于中美俄的战略大三角关系，其运行原则还是均势律。在地区秩序层面，中美日韩在亚太地区的表现也是均势规律，只是在不同条件下，均势的规律所导致的现象是不同的，或者大国关系的形态是不一样的。

三　世界政治变革的中和律

事实上，大国关系是有多种形态的，这是因为均势条件和另外一个条件，只有均势的条件我们是无法看清楚世界政治完整画面的，这就要求我们引入决定世界政治变革的另一条规律，我们将其界定为中和律。总体来看，均势律和中和律各有侧重，本体论、认识论、方法论和价值论均存在比较大的差异。其中，均势律是战略律，强调从力量对比的消长变化来分析问题，分析的重心是找敌人、找对手，在此基础上运筹大国关系，左右世界政治的变革。中和律则是政治律，强调从资源配置的比较优势来分析问题，分析的重心是找朋友、找伙伴，在此基础上运作大国关系，左右世界政治变革。在其现实性上，均势律与中和律相互纠缠，彼此交织，贯穿在大国竞争的战略实践之中。

中和律的说法尽管更多来自中国古典文化的语境，实际上和基辛格强调的政治正当性的概念是内在契合的。从理论基础来看，中和律和均势律有什么区别呢？均势律的理论基础是国际体系论，认为世界政治形成了一个国际体系，在这个国际体系中，国家是唯一具有本质性的行为体，世界政治就是一个国家之间互动的体系，国家之间的互动除了均势规律没有其他。相比之下，中和律的理论基础是生态体系论，认为世界政治是一个生态体系，国家仅仅是世界政治中的一个行为体，还存在经济行为体、社会行为体、身份认同行为体以及环绕在诸多行为体周围的生态环境，所有行为体和生态环境之间存在着相互依存、和合共生的生态—生长关系。因此，在分析国家之间的均势规律时，更多的就是讲国家之间基于牛顿世界观的原子撞球游戏。然而，基于生态体系，就是把国家内部和国家外部的经济、社会、文化甚至自然环境的因素纳入其中，在特定生态体系下，政治上会形成特定的形态，比如说在沙漠、草原、绿洲、农耕、河流、海洋等不同的生态体系下，政治形态是不一样的，这就是维克多·利伯曼《形异神似：全球背景下的东南亚》(*Strange Parallels: Southeast Asia in Global Context*) 中提到的一个现象，检索欧亚大陆数千年的历史就会发现，越向欧亚大陆中心走，越会看到一些官僚制的政体，而越往欧亚大陆的边缘走，越会看到宪章主义国家，政治形态是不一样的。这是什么规律呢？因为生态体系是不一样的，或者说基于陆地上的丝绸之路和海洋上的丝绸之路，在15世纪前后发生了交替。这是中和律在其中起作用的结果。

中和律有不同于均势律的客观基础和内在逻辑。中和律不是力量律，而是政治律甚至是认同律，均势律强调世界是分成不同部分的，所构建的是天下为私的世界。中和律认为世界是整体，是不可分的，是一个天下为公的世界。正因为如此，即便是在大国竞争、均势律主导的世界政治当中，仍然可以隐约发现中和律在其中起的作用。比如软制衡理论，就是一种中和律在起作用。当然，中和律和均势律不是绝对的，而是相互内嵌的。我们做研究的时候，可能需要做严格的研究设计来精准观察均势律和中和律对世界政治或者大国竞争的形态所产生的影响。从这个意义上来说，决定中和律的条件是什么呢？

按照生态体系属性是开放还是封闭、是无政府还是等级制两个条件，不同的生态体系属性可以导致不同的大国竞争形态和世界政治变革景观。第一种情况是在封闭的、无政府状态的生态体系下，一定会形成一个大国竞争甚至冲突对抗、结盟对抗的世界政治，比如欧洲近代以来的世界政治。第二种情况是在开放的、无政府状态生态体系下，世界政治一定会向外释放竞争压力，就是近代欧洲在欧洲大陆上的均势竞争外溢成为海外殖民扩张、掠夺势力范围的殖民帝国形态，在内部竞争当中的一些能量会通过对外建立等级制的霸权、殖民帝国的政治形态加以释放。第三种情况是在封闭的、等级制的生态体系条件下，一定会形成一个帝国体系，帝国体系最显著的特征就是它和归属的地区之间有明确的制度性的约定。第四种情况是在开放的、等级化的状态，一定会形成一种不同于以上三种的共同体形态，这是现在我们在探讨的，就是会不会建立不同于大国竞争、霸权、帝国的共同体政治形态，大国之间会不会找到良性相处之道，近年来中国领导人在处理中美关系时提出的探索大国正确相处之道，就是在探讨这个世界政治变革的新思路。

四　均势律与中和律对当今世界政治变革的意义

如果决定世界政治变革的均势律和中和律是具有解释力的，我们能从其中找到理解当今世界政治变革的什么启示呢？毫无疑问，中美关系的确受到均势律的影响，一段时期以来学界对中美战略博弈的分析都是此种均势律的表现，随着中美两国力量对比的日益接近，必然会出现战略竞争上升的现象。但是，决定中美关系是否会重复美苏冷战前景的另一个重要规律是中和律。从中和律角度来看，中美关系的未来前景还取决于在力量接近的情况下究竟是坚持开放的原则还是坚持封闭的原则。如果中美两个国家坚持脱钩断链的政策，无论是小院高墙还是大院深墙，中美关系必定会重复美苏冷战那样的结局，出现大国对峙的新冷战前景。如果中美两国坚持开放竞争的态度，两个大国在一个开放的世界当中是有可能不重复美苏冷战对抗，找到大国良性竞争和和平共处之道的。这就是综合均势律和中和律得出的重要启示。

如果把眼光放得更长远看待世界政治变革，将中美竞争放在世界政治变革的宏观生态体系视野下观察大国变动的话，中美关系的前景的确不是"修昔底德陷阱"的宿命。几千年来，在不同历史阶段，世界政治总是呈现为不同形态。人类社会早期在分散的时代，见证了出现城邦体系、部落体系和公社体系三种形态，这三种形态都是基于对血缘、地缘、伦理联系的宗法秩序或者说伦理秩序。当亚历山大远征到波斯甚至印度的时候，他的伦理体系支撑不起帝国庞大的治理范围，很快就崩溃了。从罗马帝国开始，在维系这种更大范围的共同体或者是组织形态的时候，人们将教会引入其中，并创了罗马天主教会，成为罗马帝国最大的加持者。对于这一做法，黑格尔在《历史哲学》中做了精辟的分析，认为绝对精神经过了从地中海文明的家庭阶段，步入罗马帝国和中世纪的市民社会阶段，黑格尔讲的市民社会主要是指教会，只有教会能够支撑起强大的帝国，或者说只有教会才能把族群差异、种族差异消灭掉，就像阿拉伯帝国在进攻波斯的时候，波斯选择了宗教投诚以保持自己世俗的政治形态。

近代以来的世界政治是在西方中心主义的路灯下塑造的，欧洲列强竞争的格局塑造了近代世界政治。经过了三十年战争的洗礼，在1648年的威斯特伐利亚会议上，欧洲人把上帝驱逐了，确立了上帝的归上帝、凯撒的归凯撒，导致世界成了诸国纷争的世界。直到这个时候，人们才见证了吉尔平提到的基于均势体系的国家间体系。经过了五百年的均势体系运行之后，今天是不是会出现一种新的变化，这种变化官方叫作百年未有之大变局，或者说世界之变、历史之变和时代之变。

从科学研究角度来讲，要判断世界政治变革的性质是什么，需要综合均势律和中和律。从均势律来讲，世界没有变化，仍然存在着大国力量消长变化引发的大国竞争。从中和律来讲，世界是有变化的，关键取决于生态体系的变化。因此，综合均势律和中和律，当今世界政治变革的性质不是功能性变化，也不是结构性变化，而是生态体系层面的系统性变化。只有科学分析世界生态体系的变化，才能理解当今世界政治变革的性质，才能把握中美关系和世界政治变革的方向。总之，对于这个问题的分析，一定不能带有任何神秘和思辨的色彩，一定要将其放到物质资料生产方式变革的唯物史观和大历史观基础上，这就是我们理解世界政治变革的正确方法论。

位置竞争与中美关系

宋 伟[*]

什么情况下才能认为两个国家之间已经出现了战略竞争关系？战略竞争意味着双方整体上是一种竞争关系，而且竞争的对象是战略性的目标，而不是某种具体的国家利益。在外交实践中，各国支持或者反对的对象可以是某一个国家，也可能只是针对某个具体的现象。如果这种反对只是就事论事，而非在绝大多数领域和地区都采取针对某个其他国家的行为，那么双方就不属于战略竞争。如果一国抓住一切机会打压其他某个国家——例如美国反对中国的"一带一路"倡议、阻止其盟友加入亚洲基础设施投资银行，而且这种竞争是为了某种战略上目标——例如美国是为了维持自己的霸权地位，这种国家间竞争就

---

[*] 宋伟，中国人民大学国际关系学院教授。

属于战略竞争的范畴。

一 整体国家利益冲突是战略竞争的根源

一国的国家利益可以被分成两个方面：具体国家利益与整体国家利益。具体国家利益指的是具体议题上的国家利益，例如美国认为与中国的贸易逆差损害了美国的经济利益，俄罗斯认为北约东扩损害了俄罗斯的安全利益。各国在国际体系中拥有很多具体的国家利益。这些利益有的与领土有关，例如维护本国的领土完整、获取更多的殖民地或势力范围；有的与贸易有关，例如确保某一地区的市场向本国的商品开放、维护海上商船航线的安全；有的与矿产资源有关，例如从其他国家获得稳定可靠的石油和稀土供应；等等。

现实中，各国可能在某一些具体议题上存在利益冲突，但是在另外一些具体议题上则利益一致。这种竞争与合作并存的局面使许多国家之间的关系难以被简单地归入战略合作或者战略竞争的类型。这种情况即便在同一个议题领域内也有可能出现。尽管两个国家之间可能存在领土争端，但它们在推动本地区的无核化方面有可能有着共同的利益。尽管两国之间存在战略竞争会导致具体摩擦的增多，但我们不能从具体国家利益的冲突角度去界定两个国家之间是否存在战略竞争。即便两国之间存在着很多的具体摩擦，但这些摩擦并不服务于打压对方的战略目标，那么就不属于战略竞争的范畴。

当两个国家的整体利益出现根本性的冲突时，它们就很可能走向战略竞争。所谓的整体国家利益，按照位置现实主义的界定，指的是一国国内社会在一定时期内最重要的共同利益。但国内社会的共同利益并不一定是整体国家利益。在某些情况下，国家安全可能是一国的整体国家利益，例如当国家面临大规模入侵的时候。但是，对于一般来说拥有强大军事力量的大国（尤其是核大国）来说，其基本安全是有保障的，国家未必要把安全摆在最重要的位置，投入最多的资源。在大多数情况下，大国可以追求其他类型的整体国家利益，而不是局限于国家安全。

虽然国家安全、经济发展和社会福利都是本国人民的共同利益，但由于资源的有限性，过分追求某一种共同利益，很有可能损害到其他的共同利益，并最终损害国家在国际体系中的整体利益。例如，统治者和被统治者都希望国家在国际体系内拥有一个安全的环境，但这并不意味着国家的整体国家利益就一定是安全的。虽然印度和巴基斯坦仍然在争夺克什米尔，但是对印度来说，它的国家安全并不面临严重的威胁。这首先是因为印度拥有核武器，其次也是因为印度相对巴基斯坦的实力优势非常明显。现实中，出于自身的部门利益和群体利益考虑，不同的政府机构和利益集团纷纷强调某一领域的利益是最重要的国家利益，从而使真正的整体国家利益可能被忽视。

由于整体国家利益是作为一个整体的国家在一定时期内最重要的利益，因此，如果两个国家的整体国家利益发生冲突，那么它们就可能出现大范围的竞争和对抗，也就是所谓的战略竞争。

二 大国的三种位置性整体国家利益

位置现实主义认为，追求更高的位置性目标，往往是大国的整体国家利益所在。秦亚青先生认为，应该从国家在国际体系中的位置出发来界定国家利益，美国国际关系学者法里德·扎卡利亚就写道，在分析和制定外交政策时，正确的做法是，"……首先应该询问国际体系的因素如何影响国家行为，因为一个国家在国际关系中最有力的、可归纳的特征就是它在国际体系中的相对位置"①。中国学者秦亚青先生在探讨霸权国的整体国家利益时指出："只要霸权国能够保持霸权地位，它的国家安全、经济财富、意识形态观念、社会价值观念等等也就有了基本的保障。所以，霸权护持代表了霸权国的整体社会利益，这就是国家利益概念的整体性。同时，在整个霸权时期内，护持霸权地位会自始至终地被霸权国当作根本利益。只要霸权系统没有崩溃，霸权国地位没有根本改变，护持霸权地位就是霸权国的最高国家利益。这就是整体国家利益的相对稳定性。"②

与霸权国类似，当其他大国在国际体系中处于非常有利的位置时，那么它的国家安全、国际威望和经济收益等就能较为轻松地获得，所获的利益范围和多少也会超过那些处于不利位置的国家。对于大国来说，获取、维持和巩固一种有利

---

① Fareed Zakaria, "Realism and Domestic Politics: A Review Essay," *International Security*, vol. 17, no. 1, Summer 1992, p. 197.
② 秦亚青：《霸权体系与国际冲突——美国在国际武装冲突中的支持行为（1945—1988 年）》，上海：上海人民出版社 1999 年版，第 131—132 页。

的国际位置，防止某些潜在的挑战者取而代之，就构成了它的整体国家利益。在实践中，削弱强大的对手，为自己争取一个更加有利的国际体系位置，常常是许多大国对外战略的根本目标。按照位置现实主义的总结，大国在国际体系中往往拥有三种主要的位置性目标：实力位置、权力位置与规则位置。这三种位置对于各国的安全与繁荣来说都十分重要。

实力位置主要指的是一国在现有国际力量结构中所处的相对位置。这里所说的实力是一个国家的综合实力，包括经济、军事、政府效能等诸多方面。一国在力量结构中的相对位置，可以通过比较的方式得出来。霸权国一般来说就是实力最为强大、与其他大国相比拥有较大领先优势的国家。在无政府状态下，相对实力仍然是一国在国际关系中拥有发言权、影响力的根本基础，不断提升本国的实力位置，是保障本国安全、获取更多权力和其他利益的根本途径。

权力位置指的是一国在现有国际秩序中拥有的发言权、决策权的大小。不同国家在不同国际组织和机制中拥有的权力是不一样的，但一般来说，为了让中小国家能够接受，国际组织和国际机制内很少存在某种绝对的、垄断性的权力。从目前来看，大国在"二战"后的国际秩序中所能获得的最大特权是否决权，例如联合国安理会常任理事国的否决权、美国基于其投票权在国际货币基金组织内的否决权。但拥有更多的权力肯定是非常重要的位置性利益，因为它意味着国家可以在国际规则的应用、国际资源的分配中拥有更大的决策权力，这种权力也可能被用来做交换，从而获取其他各种类型的国家利益。

规则位置指的是一国在现存国际秩序规则之下的相对处境，即处于一个有利的还是不利的位置。例如，国际货币基金组织的援助规则里面包含所谓的"附加条件"（Conditionality），对于借款人来说，这些规则自然是越宽松越好，而对于贷款人来说则是相反。当一个国家从国际货币基金组织借贷时，该国政府需要在经济和金融政策方面做出一定的承诺，即所谓的附加条件。通过附加条件，美国和其他的西方发达国家能够合法地要求接受贷款的国家实行国内政治经济改革以支持它们的战略目标。由于规则具有非中性，因此不同的规则下，各国的处境是不一样的。各国都希望获得更有利的规则位置，因为它直接关系到国际资源的分配。

这三种位置中，规则位置对各国来说是最敏感的，因为如果规则位置不利，那么它的利益每天都在受到损害；实力位置是根本，只有获得了足够的相对实力，它才能去获得更有利的权力位置和规则位置。获得更多的权力就可以获得更多的其他利益，也可以用权力来改变现有的国际规则，因此权力位置也是极为重要的整体国家利益。

三　对中美两国位置竞争的简要评估

在具体议题领域，中美两国既存在广泛的利益分歧，也存在广泛的利益一致。以中美双方的经贸关系为例，一直以来，中美双方都对这种高度相互依赖的状况感到满意：美方从中国进口了大量物美价廉的商品，降低了美国的通货膨胀；中国通过对美贸易获得了大量的外汇，可以用来购买自己想要的产品和技术。当然，美国并不满意其对华贸易逆差，并认为中国在知识产权保护、市场开放程度等方面做得不够，而中国则认为美国秉持冷战思维，故意阻止对华的高技术产品的出口，以及对中国投资采取很多不必要的国家安全审查。这种利益分歧和利益一致的情况其实在中美关系中普遍存在。例如，在中国台湾问题上，双方在防止中国台湾宣布独立、维持台海稳定方面有基本的共同利益，但是在美国对台出售武器、所谓的中国台湾"国际生存空间"的问题上又有着尖锐的矛盾。因此，就如前面所提到的，如果只从具体议题上的摩擦或者合作来判断两国关系，往往很难对双方的整体国家利益关系有一个准确的认识。

当然，这并不是说具体议题领域的利益关系不重要，事实上，当两国之间不存在明确的战略竞争时，尽量在具体的议题上求同存异、增进合作，是有助于推动两国关系向着战略合作的方向发展的。即便是两国之间已经出现战略竞争，在有着共同利益的领域继续加强合作，也有助于防止双方关系的无限制恶化和降低战略竞争的烈度。不过，相比具体议题领域的利益关系，两国整体国家利益关系的变化，往往是双方战略关系的变化，会导致具体议题领域出现实质性的变化。也就是说，国家之间的整体利益关系是更为重要的、结构性的变量。之所以中美关系中出现越来越多的议题上的摩擦，根本原因在于美国将中国定位为首要的战略竞争对手。美国认为，中国是一个强有力的霸权位置竞争者。

在考察中美之间的位置竞争时，我们不仅需要考察当前的位置关系，也需要考察更长时期内这种位置关系的可能变化，从而得以全面把握中美战略竞争的长期走势。

首先，从实力位置的角度来看，自2010年中国取代日本成为世界上第二大经济体后，短期内中国是美国霸权实力地位的首要竞争者，但对于中国能在多长时间内取代美国的这种位置，还难以下一个明确的结论。从最近几年的双方经济总量对比来看，中国经济总量大概相当于美国经济总量的70%左右；如果从军事力量的角度来看，中美军事差距比经济领域的差距明显要大。在高科技领域，中国正在追赶，但美国已经初步形成了针对中国的高科技联盟，中国想要从西方获得最新技术变得更加困难，在很大程度上必须依靠自主创新。也就是说，一方面双方的综合实力差距仍然比较大，另一方面美国正在极力延缓中国追赶美国的步伐。中国能在多长时间里达到美国综合实力的80%这一门槛仍然有待观察。因此，从客观的角度来说，中国和美国围绕实力位置的冲突不断加强，但并没有达到争霸国的门槛，美国对中国的挑战主要源于一种未雨绸缪的考虑。

其次，从权力位置的角度来看，中国和美国围绕一些国际秩序的权力竞争有所加强，但其实这种竞争的限度是很明显的。一方面，中国已经是现有国际秩序中举足轻重的大国，是联合国安理会常任理事国，二十国集团的成员，但制度性话语权的上升空间其实是有限的。正如前文所提到的，"二战"后，大国在国际秩序中拥有的制度性特权的极限就是否决权。但没有大国能够获得制度性的"领导权"，美国的所谓领导地位很大程度上是非正式的、依靠其实力和外交去获得相应的影响力。对中国来说其实也是如此。因为"二战"后的国际体系总的来说是一个平等的主权国家体系。另一方面，提升在国际秩序中的发言权和决策权需要按照组织章程进行，中国在国际货币基金组织、世界银行内部的发言权和决策权已经有所上升，原因是中国满足了这些条件，美国也无法阻止这些符合组织章程的权力分配变革，但按照这些组织章程，中国短期内还无法获得超越美国的权力分配。通过与盟友的合作，美国仍然可以在这种组织中获得主导性的影响力。

最后，在规则位置方面，总的来说，美国和中国都是战后自由主义国际经济规则的受益者。美国推动建立了一个开放的国际经济体系，充分发挥其技术优势，在世界市场上可以充分利用各种资源。中国通过改革开放，充分发挥自身的巨人规模优势，也已经成为世界市场上的强者。因此，总的来讲，两国并不存在规则位置上的尖锐矛盾，双方都属于受益者的阵营。但是，美国认为中国从自由贸易体系中获利更多，因此它要改革现有的国际经济规则，建立一个准入门槛更高的国际经济体系，但这种改革毕竟不能推倒重来，公平贸易仍然是以自由贸易为基础的。对中国而言，从长期发展的角度来看，经济全球化是一把双刃剑，随着其他一些土地成本、环境标准、劳工标准更低的发展中国家的崛起，曾经给中国带来巨大利益的资本和技术将会转移到其他国家去。中国将迟早面临类似的挑战即如何防止本国产业的空心化、工人失业等。从这个角度来说，适当提升国际经济体系的准入门槛，优化世贸组织的各项规则，也是需要着眼于长远去提前计划的。

因此，总的来说，中美之间已经出现了位置竞争，这种位置竞争导致了双方的战略竞争。想要掌控好这种战略竞争，需要双方在两个方面做出努力：其一，美国不应夸大中国对美国实力位置的挑战，中国也要客观认识中美之间的实力差距；其二，中美双方都应该着眼于长远来探讨国际秩序规则的改革问题，求同存异，而不是过分强调当前的规则对谁更有利一些。

动荡变革期地缘政治的回潮与流变趋势[*]

宋德星[**]

党的二十大报告指出，世界正进入新的动荡变革期。毫无疑问，新的动荡变革期的生成在很大程度上与冷战结束以来国际政治和世界秩序的发展演变紧密相关，因而以一种长历史时段的视角来予以考察实属必需。换言之，新的动荡变革期的生成必然是由量变到质变的结果。冷战结束以来的30多年里，世界范围内的各种问题——全球的和地区的、国家的和非国家的、北方的和南方的各种矛盾问题，以及它们相互之间的互动与博弈，不仅在客观形态上，而且在主观认知上，带来了前所未有的变革趋向，从而使当今时代呈现出不同于以往的风貌，因而需要施行不同于以往的治国理政方略与政策行为逻辑。正是在这个意义上，冷战后地缘政治的回潮与流变趋势作为动荡变革期的一种映射，在客观战略形态和主观战略认知方面均产生了深远的影响，值得高度关注。

---

[*] 本文系国家社科基金重大项目"海上丝绸之路地缘安全与风险管控研究"（项目编号：18ZDA130）的阶段性成果。
[**] 宋德星，国防科技大学国际关系学院教授。

一 动荡变革期催生的普遍焦虑与地缘政治回潮大趋势

基于新的动荡变革期这一战略判断可知，无论是就国际政治发展演进而言，还是就新的世界秩序塑造来说，我们正处在某种历史转折关键时期，或者说某种"国际关系时刻"。借用基辛格（Henry Alfred Kissinger）的话说，就是"先前从未有过一个新的世界秩序不得不基于如此众多的不同观念，或者如此普遍的全球规模。先前同样从未有过任何秩序不得不将下面两者结合起来：一是历史上的均势体系属性，二是全球性的民主舆论和现时代爆炸性的技术发展"[①]。结果是后冷战时代堪称"焦虑时代"，一种战略焦虑情绪普遍蔓延。[②] 为此，世界主要大国、强国之间不仅展现出了较高强度的战略博弈倾向，而且围绕世界秩序问题的竞逐正急剧撕裂着国际社会。

在此背景下，各国政治家们也遵从着地缘的逻辑，从权势对比的变化出发，反复阐释政治地理的时代意义，渴望借此去揭示国家关系的空间逻辑，并将之贯彻到对外战略和国家关系运筹之中，由此自觉或不自觉地拉开了新的一轮具有跨世纪性质的"大角逐"，直接催生了地缘政治的回潮大趋势。对此，布热津斯基（Zbigniew Brzezinski）早就强调指出，冷战后国际政治一个重要方面便是苏联解体开启的全球地缘政治重大变更过程，促使各主要大国"必须根据实力的新现实调整……对政治地理重要性的理解"，其中特别重要的是点明了在地缘政治方面有活力和有能力引起国际力量分布发生潜在重要变化的欧亚国家，需弄清它们各自的政治精英的基本对外政策目标，以及谋求实现这些目标可能造成的后果。[③]

二 地缘政治回潮在战略和理论上的映射

地缘政治的回潮大趋势不仅在战略层面有着鲜明的体现，而且在理论阐释上

[①] Henry Kissinger, *Diplomacy*, New York: Simon & Schuster, 1994, p.27.
[②] 宋德星：《后冷战时代大战略缔造特有的困难——兼论中国大战略缔造问题》，《外交评论》2008年第6期，第19—26页。
[③] 兹比格纽·布热津斯基：《大棋局——美国的首要地位及其地缘战略》，中国国际问题研究所译，上海：上海人民出版社1998年版，第53页。

也有着直接的反应。从长历史时段出发来考察经典地缘政治理论的产生与发展历程可以发现，马汉（Alfred Thayer Mahan）、麦金德（Halford John Mackinder）、斯皮克曼（Nicholas John Spykman）有关海权、陆权和边缘地带的理论著作，时间上大体在1890年至1945年之间，马汉的《海权对历史的影响（1660—1783）》首次出版于1890年，麦金德的《历史的地理枢纽》于1904年1月在英国皇家地理学会上宣读，斯皮克曼的《世界政治中的美国战略：美国与权力平衡》与《和平地理学》分别出版于1942年和1944年。从1890年至1945年的50多年间，同样可以说是"新的动荡变革期"，其中的重大事态包括了侧翼大国美国和苏联的崛起、欧洲的衰落、两次世界大战及其催生的世界秩序的变革（由凡尔赛—华盛顿体系到雅尔塔体系）。正是这种动荡变革导致的巨大不确定性，引发了经典地缘政治理论家们的系统思考和理论构建，这从一个侧面说明了动荡变革期不仅在战略上而且在理论上都会有直接的反应。

从这个意义出发，1991年冷战的结束至今，作为一个周期已有30多年的时段，可以笼统地称之为动荡变革期。这期间，各种新旧矛盾问题叠加累积，其国际政治效应越来越明显，地缘政治动荡就是其中很重要的方面。在这种情况下，地缘政治回潮自然有它的时代逻辑，即与冷战（特别是21世纪）以来我们处在"百年未有之大变局"紧密相关，与世界权势动态转移进程紧密相关，与大国关系分化重组紧密相关，与世界秩序重塑紧密相关。

所以，当我们对冷战结束至今的30多年做整体性地缘政治思考时，就会发现地缘政治的聚焦点，也就是首要战略方向选择，发生了具有重大战略意义的变化。这个变化在美西方政策和理论阐释中体现得尤其明显，即从冷战结束后早期地缘政治聚焦于欧亚大陆事态，开始演变为在21世纪第二个十年转向聚焦"印太"事态，即从大陆事态转向海洋事态。

以美为首的西方早期强调地缘政治首要关切是欧亚大陆事态，根本上是为了消化冷战遗留问题，也就是消化苏联和东欧问题。所以在布热津斯基的地缘政治名著《大棋局》中主要强调的就是欧亚大陆事态问题，以及美国应该如何在欧亚大棋盘上进行战略运筹。到了奥巴马时期，美国开始从欧亚大陆实行战略收缩，转而推行"亚太再平衡"。及至特朗普政府和拜登政府，则持续推行"印太战略"，美国的地缘战略聚焦点得以从欧亚大陆向海洋方向发生重大转移。尽管有俄乌冲突、巴以冲突这类重大事态发生，但是美国强调其对

"印太"事务的关注不会因此发生根本变化。也就是说，应对朝向未来的系统性战略挑战和赢得新的世界秩序之争，成为当下美国地缘政治思考的核心所在。

三 地缘政治对"确定性"的追求及其流变趋势

就地缘政治的基本价值取向来说，以下三个方面非常突出。一是地缘政治从根本上讲强调整体把握和系统思维，所以国家大战略属性特别强。可以说，地缘政治从产生开始，就对国际政治富有热情，并热切地介入国家大战略之中，这是一大方面。二是在整体认知、全局把握的过程中，地缘政治强调要有战略聚焦，即对那些事关战略全局、具有重大影响的重点问题领域和首要战略方向，反复予以强调。三是作为动荡变革期的一种映射，地缘政治作为一种理论学说渴望在巨大的不确定性中给出某种确定性，以指导国家大战略。笔者认为，地缘政治作为具有强大战略属性的一种理论形态，恰恰是要在大变局中给出一种确定性、一种方向性指导。换言之，对确定性的追求是地缘政治理论非常重要的方面，因为大国、强国在动荡变革期进行的大国战略竞争问题，事关根本，属于"死生之地、存亡之道"，因而最需要战略方向上的指引，以破除"迷雾"。

今天，当世界面临新的动荡变革期带来的巨大不确定性时，国家尤其需要追求某种战略上的确定性，首先是要实现战略聚焦。上述美西方地缘政治聚焦点的变化，就是这方面的集中体现，它不仅在总体上造就了由陆向海的战略趋向，而且在这种趋向中强化了传统地缘政治理论的一个经久不衰的主题，也就是陆海二元对抗，重点凸显的是美国及其领导的海洋国家联合阵线与崛起的中国之间的战略博弈。尽管中国一般被视作大陆型国家，但同时又属于陆海复合型国家，所以当中国实现世纪性崛起并强调海洋强国建设时，美国的战略焦虑便在其对华地缘政治博弈中得以充分彰显，因而值得我们格外的关注和警觉。

在追求确定性的同时，地缘政治在今天的流变趋向也十分明显。这种流变主要体现在两个方面。

一是今天地缘政治概念的使用越来越宽泛，运用的范畴也急剧扩大，以至于冲击着原有的地缘政治理论思考。宽泛使用地缘政治概念并集中体现在新兴战略领域，如网络地缘政治、太空地缘政治等，由此造成地缘政治的一大流变趋向就是，地缘政治从我们较为熟悉、拥有独特术语传统、陆海空传统地域色彩鲜明的概念，向更加多元、更加多维、更加多域的方向拓展，结果不仅突破了原有的视域，而且挑战着原有的理论基石。在这样的流变过程中，原有地缘政治理论观点、话语表述出现了某种不适切性，或者说必须换一种话语逻辑，换一种思维模式（其中特别是工程思维），才能阐释清楚诸如网络、太空甚至认知领域中的地缘政治特有的意涵。

这方面，网络地缘政治就是典型案例之一。网络空间在某种意义上既是真实的物理空间，也是虚拟空间，其中就包括了认知域。也就是说，现实世界中的行为体通过各种终端平台映射到网络空间中，在数字世界相应地也就存在真实个体的多个虚拟投射，由此形成一种交互关系，即现实世界的各种权力结构、议题矛盾、社群关系在网络空间中得以映射和呈现，同时网络空间的这种映射又对现实世界的各种关系产生反作用，从而形成交互影响。① 所以，在我们刻画网络空间地缘政治时，就自然遇到现实和虚拟二维空间带来的巨大挑战：网络地缘政治的核心关切是什么，是经典地缘政治理论中所谓的主权国家行为体之间的权势较量，还是关注非国家行为体带来的冲击，战略的聚焦点是技术进步问题、关键基础设施问题抑或网络治理问题，如此等等。一旦这些核心问题和关切发生变化，必然会导致思想观念、话语逻辑和理论阐释上的相应变化。

二是地缘政治的去中心化趋向。广为流行的地缘政治理论毫无疑问主要是基于欧洲历史经验提炼、总结和升华的结果，故从思想源头来讲，地缘政治理论有着非常强的欧洲中心或者说西方中心色彩，即主要体现的是西方特别是美国的战略焦虑和战略关切，话语逻辑背后是美西方世界与非西方世界之间的权势较量这一主题。作为这种传统关切的一大流变，今天的地缘政治也呈现了去西方化的倾向。这主要得益于两个方面的大趋势：其一是世界性权势转移大趋势，结果是非西方国家的崛起成为了时代强音，以美为首的西方阵营的掌控力下降已不可避免；其二是非西方国家集体身份认同和政治意识日益强化的大趋

---

① 这方面的论述参见宋德星《国际关系学科理论视域下的网络空间认知》，《信息安全与通信保密》2019年第9期。

势,无论是冷战时期的不结盟运动还是今天的"全球南方",均冲击着以美为首的西方阵营的主导地位。正是得益于上述两大趋势,西方与非西方的二元分野越来越明显,从而促使非西方世界在大变局背景下强调自身话语建构和理论体系建构的意愿越来越强烈,并直接作用于地缘政治。特别是"全球南方",已经从单一概念话语,发展为一种集体身份,一支强大的政治力量,其催生的新的地缘政治思考不再强调欧洲和西方的经验,而是凸显自身的特性与要求,尽管其政策话语逻辑还不可能取代美西方传统,但这种去传统中心化的取向,已然成为地缘政治流变的第二个鲜明特色。

四　结语

就地缘政治而言,原有的以西方为中心的传统地缘政治理论体系还保持着很大的影响力,但同时也出现了某种变革趋向,并催生出了新的理论生态,尽管这种生态还很不稳定,还需要不断地努力培育和挖掘。概言之,一是基于权势来思考地缘政治问题这一传统思维方式至今没有改变,相反,随着权势转移进程的加速,这种权势思考还将愈加明显;二是与权势变化相伴生的观念变化深深影响着地缘政治。也就是说,在今天的地缘政治思考当中,多元观念发挥了很大的作用,其中包括非国家行为体和新兴领域催生的多元观念;三是技术因素正以前所未有的方式作用于地缘政治。对此应当强调指出,对未来地缘政治产生重大影响的是这样一种技术,即能够有效嫁接物质与观念要素并能够同时赋能物质与观念要素,如网络技术、人工智能技术等,其对地缘政治的影响正在凸现。

总之,地缘政治不仅考察权势因素和地理因素,也考察技术因素和社会组织形态因素,由此也就决定了地缘政治同时具有传承与变革的色彩。当前,在重视传统理论形态和传统思维模式的同时,尤其需要关注新兴战略领域、科技要素和工程思维对于地缘政治的意义,而这恰恰是传统地缘政治思考的短板所在。也就是说,地缘政治的流变呼唤前沿交叉意义上的理论洞见,对此必须予以足够的重视。

"新大博弈"还是"差序竞合"?
——大国在中亚地区互动的深层特征

曾向红[**]

近年来,中亚地区在国际政治中的重要性持续上升。世界主要大国针对中亚地区出台了一系列新倡议和新战略,形成了新的合作机制。例如,2020年美国特朗普政府专门公布了新中亚战略,勾勒出美国中亚战略的新走向;日韩及欧洲国家则以"C5+1"机制为载体,举行了针对中亚国家的合作峰会,在贸易投资、能源供应、气候变化等领域与中亚国家展开新一轮合作。总的来看,近期中亚成为世界大国开展外交行动的热点地区,大国加大对中亚地区的投入似乎已是新常态。在此背景下,中亚地区"新大博弈"进入新阶段的论调重新盛行。如何正确理解当前和今后一个时期大国在中亚地区的互动态势,成为我们迫切需要回答的问题。

一 "新大博弈"话语的局限性

"大博弈"(The Great Game)原指19世纪英俄在中亚及阿富汗所展开的权力角逐;苏联解体后,学界惯用"新大博弈"描述中、美、俄等国参与中亚事务所形成的互动模式。如果说"大博弈"的根源在于帝国时代的领土扩张,那么"新大博弈"则更加突出域外大国在中亚地区开展地缘政治角逐的激烈程度。在"新大博弈"的话语隐喻之下,大国在中亚地区的互动有三重显著特征:其一,大国在中亚地区的竞争主要围绕高政治领域而展开;其二,互动结果由大国决定;其三,大国之间的互动呈现零和性,它们在中亚地区的矛盾似乎不

---

[*] 本文系国家社会科学基金重大研究专项项目(项目批准号:21VGQ010)的阶段性成果,并得到2023年度兰州大学中央高校基本科研业务费专项资金重点研究项目"中亚地区形势变化与'一带一路'建设"(项目编号:2023jbkyjd003)的阶段性成果。

[**] 曾向红,兰州大学中亚研究所、兰州大学政治与国际关系学院教授。

可调和。

然而，当前中亚地区形势却出现新变化，与"新大博弈"话语所描述的情形相悖。第一，经济因素的比重上升，大国对中亚地区的经济合作成为互动的重要内容。有学者认为"新大博弈"正呈现出一种"多面博弈"（multifaceted game）的特点。[1] 第二，中亚国家的独立性、自主性明显增强，成为中亚地区治理的重要参与者；第三，大国在中亚虽各行其是，但并未出现极端的零和权力争夺和势力对抗。第四，非国家行为体如北约和欧安组织也成为中亚地区事务的重要参与者。"新大博弈"话语范畴无法全面概括这些新的特点。

显然，地区形势及行为体规范在宏观和微观层面均发生显著变化，西方学界以"新大博弈"把握大国在中亚地区的博弈似乎已不合时宜。一方面，"新大博弈"存在话语隐喻的缺失，忽视了域外大国在中亚地区所开展的合作，即便这种合作没有以机制性或大张旗鼓的方式来进行；另一方面，无论是"大博弈"还是"新大博弈"，均是西方为了推广其文明话语及价值体系所创造的学术概念，本质上仍然是西方世界观的一种学术表达。在西方世界观二元对立的逻辑预设下，互动的结果是悲剧性的，利益的分配是零和性的。针对"新大博弈"所引发的争议，新近的一些成果尝试通过"套娃霸权""潜规则"等机制对大国中亚互动模式予以说明，进而提炼出"套娃秩序""无声的协调""转阵营行为"[2]等用来说明欧亚国家行为逻辑的概念。

二 "差序竞合"：大国在中亚地区互动的深层特征

"新大博弈"话语将中亚地区视为危险场域，而域外大国在该场域中的互动具有零和性。然而，目前的现实情况却是各个大国在介入中亚地区事务时虽有竞争，但亦有合作，彼此并行不悖。究其原因在于，在中亚这个"博弈场域"中，域外大国所处的实际地位不同，其所重点关注和投入的领域也有差异；由此导致它们在介入中亚地区事务的过程中，存在战略目标的纵向差异和

---

[1] Neil Collins and Kristina Bekenova, "Fuelling the New Great Game: Kazakhstan, Energy Policy and the EU," *Asia Europe Journal*, vol. 15, no. 1, 2017, pp 1-20.
[2] 肖斌：《"转阵营行为"与欧亚地区"灰色地带"的起源》，《俄罗斯东欧中亚研究》2022年第3期，第63—83页。

优势领域的横向不同。① 这种互动特征，非常类似于中国本土社会学所说的"差序"状态。

首先，"差序"概念在中国本土社会学中具有重要地位，具备跨学科的理论意义。一方面，在中国社会学发展历程中，"差序"概念并未被抛弃，反而被证明差序性交往非常普遍，并非中国人所独有。② 这意味着"差序"概念具有普遍性概念的学术潜力。另一方面，"差序"体现了一种"亲亲、尊尊"的关系格局。③ 此格局虽以中国乡土社会为背景，但确实体现了人类行为的一种模式。"亲亲"指代行为体依据利益聚合或关系的亲疏远近所形成的独特活动领域（可称之为"圈子"）；"尊尊"则刻画了行为体在一定范围内等级地位分明的排列特点。简言之，"差序"阐述了行为体在特定场域内彼此协调的关系特点，其中原因在于横向层面特定领域（"圈子"）的形成，以及纵向层面地位等级的差异。可以说，"差序"是中国人对势力均衡的扩展性理解。在"差序"概念的基础上，我们或可将大国在中亚地区既竞争又合作的互动新模式称为"差序竞合"。

具体而言，"差序竞合"体现了一种竞争与合作的整体状态。作为参与中亚地区合作的主要参与者，中国、俄罗斯、美国、欧盟、日本、土耳其等域外大国并未因在中亚地区的机制竞争而出现针锋相对的激烈对抗，而是彼此处于一种各行其是、相对稳定的竞争状态。中亚五国也乐见中亚地区在国际政治中重要性的上升，因此对域外大国的合作请求几乎来者不拒。由此可观察到的一个现象：各国牵头主导的"C5+1"机制及投资合作倡议一般均能得到中亚国家的接受和参与。

其次，"差序竞合"状态形成的根本原因在于域外大国在中亚地区处于不同的实力地位，进而拥有不同层次的战略目标。

在中亚地区，俄罗斯拥有"准霸主"地位。中亚原属于苏联加盟共和国，苏联解体后，政策界和学界普遍认为包括中亚在内的欧亚地区是俄罗斯的"特殊利益区"，故中亚地区形成了一种以俄罗斯为主导的"准单极"状态。

---

① 相关分析可参见曾向红、张峻溯《敌友难分：俄罗斯与土耳其的差序互动模式研究》，《世界经济与政治》2023年第6期，第40—41页。

② 需要指出的是，费孝通的所有学术作品中从未言"放弃"差序。"差序概念被放弃及其普遍性意义"的相关观点可参见苏力《较真"差序格局"》，《北京大学学报（哲学社会科学版）》2017年第1期，第90、99页。

③ 费孝通：《乡土中国》（修订本），上海：上海人民出版社2019年版，第37页。

基于此，俄罗斯参与中亚事务的目标是维护其在中亚地区的相对优势地位，尤其是在传统安全领域的主导地位。美国在中亚地区追求遏制、整合与塑造三重战略目标，即遏制俄罗斯与中国、致力于将中亚国家整合到西方自由主义秩序之中、试图塑造中亚国家的发展方向及其地缘政治取向，但因其与中亚地区相距甚远且对该地区的投入有限，美国在该地区的总体地位明显不如俄罗斯。尤其是在2003—2005年"颜色革命"浪潮后，中亚国家对美国开展政治渗透的警惕性明显提高，美国的整合和塑造战略基本宣告失败，但遏制战略仍然发挥作用。虽然2020年特朗普政府出台的中亚战略认为中亚是对美国国家安全利益至关重要的战略区域，但客观而言，美国对中亚地区的投入与中俄相比不可同日而语。就此而言，美国在中亚地区不足以挑战俄罗斯的"准霸主"地位。对中国而言，中亚地区是"一带一路"倡议的首倡地。"一带一路"倡议的顺利推进，虽然被认为带来了中国在中亚地位影响力上升的结果，但客观而言，中国在该地区的影响力主要体现在经济领域，在政治与安全领域，中国无力也无意挑战俄罗斯的传统地位。更何况，2015年中俄签署《关于丝绸之路经济带建设与欧亚经济联盟对接合作的联合声明》，意味着两国就如何避免在中亚地区产生对抗达成了谅解。① 再者，中国参与中亚事务的重要战略目标之一是促进西部边疆安全稳定，而非与俄罗斯争夺"势力范围"；再加上中俄与中亚国家在上海合作组织的框架下开展了有效的合作，这些均是中俄并未在中亚地区爆发冲突的重要原因。

由此可见，作为大国中亚互动的主要参与方，中、美、俄三方在中亚地区所处的地位并不一致，战略目标亦存在差异。俄罗斯居于"准霸主"的支配性地位，中美则屈居之后。欧盟、土耳其、伊朗等国际行为体虽然同样积极参与中亚事务，但大都遵循了一个"潜规则"——有意无意地尊重俄罗斯在中亚地区的"准霸主"地位。在此情况下，大国在中亚地区追求相异的战略目标，它们之间的互动也呈现出地位的相对差异，如俄罗斯强调安全、欧盟强调社会援助和绿色发展、土耳其强调"突厥民族"认同，等等。从根本上讲，这些战略目标的设定，似并不以明目张胆地挑战俄罗斯的准单极结构为目的。

---

① John Heathershaw, Catherine Owen and Alexander Cooley, "Centred Discourse, Decentred Practice: The Relational Production of Russian and Chinese 'Rising' Power in Central Asia," *Third World Quarterly*, vol. 40, no. 8, 2019, pp. 1452 – 1453.

最后,"差序竞合"状态形成的直接原因则在于域外大国对中亚地区的战略投入具有领域范围的横向差异。

俄罗斯着重关注政治安全领域,这与俄罗斯和中亚五国特殊的历史联系密不可分。因此,俄罗斯与中亚国家的合作主要集中在基础设施及安全领域。尤其是俄罗斯与中亚国家政治精英具有一种"庇护"性质的政治关系,这成为俄罗斯维系其在中亚国家内部影响力的重要渠道。事实上,截至目前,中亚国家政治精英和俄罗斯合作也具有亲切感。2022年1月哈萨克斯坦爆发"一月事件",集安组织迅速出兵协助平息哈国内暴乱,这是俄罗斯在中亚地区政治和军事影响力的充分体现。

而西方国家重点关注政治发展与社会领域。2005年以来,以"民主基金会"(NED)等非政府组织为代表的社会团体在中亚社会领域设计并开展了一系列项目,这些项目涉及媒体自由、开放社会构建、公民教育的资助,等等。在此基础上,美西方还通过国际开发署对中亚国家改善人权、推进民主化等政治发展项目提供大量的资助。此外,土耳其以"突厥语国家组织"为抓手,推进与中亚国家之间的"突厥认同";欧盟则将主要精力放在了能源、高等教育、绿色发展等领域。由此可见,西方国家虽然并未放弃与中亚国家之间的安全合作,但它们的关注重点几乎均远离令俄罗斯高度敏感的安全领域。

中国在中亚地区的主要影响力体现在经济层面。1991年苏联解体时,中国与中亚国家的贸易总额仅为4.6亿元,2022年增长到了702亿元,增幅相当巨大。2022年,中国从中亚国家进口的农产品、能源产品、矿产品同比增长均超过50%,对中亚国家出口的机电产品同比增长42%,贸易结构更加优化。在对中亚地区投资方面,截至2022年底,中国对中亚五国直接投资存量近150亿美元。①

综上所述,相比于"新大博弈"话语所预测的大国在中亚地区互动的悲观前景,截至目前,大国在中亚地区虽然不乏竞争,但同时也在开展"无声的协调"。从形式上讲,这是一种在地位上"尊俄"、在战略投入领域上"亲中亚"的"差序竞合"状态;从实质上讲,大国在中亚地区的互动出现了实力地位、

---

① 《中国与中亚五国经贸合作发展势头强劲》,中国政府网,https://www.gov.cn/yaowen/2023-04/19/content_5752129.htm。

战略目标和战略投入领域的"错位"。因此，目前中亚虽然在一定程度上再现了该地区作为"大国跑马场"的喧嚣和拥挤状态，但并未滑入"大博弈"时期英俄两国激烈对抗所产生的"大国政治的悲剧"中，反而呈现出一种既有竞争又有协调的"差序竞合"态势。

三 中亚地区秩序的前景

当前，大国在中亚地区的互动呈现出国家间"差序竞合"的典型态势：各大国彼此各行其是；它们之间的竞争虽然趋于明显，但战略目标并未针锋相对；政策层面留有余地；合作机制层出不穷，但彼此学习的态势明显。但就其变化趋势来看，由于中亚地区兼具开放性与封闭性、中心性与边缘性、客观性与建构性等多重特性，这为"差序竞合"态势的维系和中亚地区秩序的稳定提出了挑战。

第一，"尊俄"能否继续令人生疑。纵观 21 世纪以来美国对中亚地区的介入可以发现，美国从一开始就希望挤压俄罗斯在中亚的影响力，故不遗余力助推"颜色革命"，由此带来的政权更迭曾导致特定中亚国家局势陷入混乱。2008 年遭遇金融危机后，美国实力相对衰退，再加上一系列其他更为迫切的外交议程居于美外交的优先位置，美才被迫不情愿地短期"默认"俄罗斯在中亚地区的历史影响，其结果是中亚地区秩序维持了十余年的平静。这或许启示人们，俄罗斯在中亚地区的准单极结构，是差序竞合形成的重要前提；而俄乌冲突后俄影响力的衰落，或刺激域外大国采取激烈行动挑战俄罗斯在该地区的权威，从而导致它们之间"无声的协调"模式破裂。

第二，大国在中亚的战略投入领域日渐趋同，竞争压力增大。目前，围绕中亚地区经济合作，美国提出一系列基础设施建设计划，中国倡导"一带一路"倡议，俄罗斯力促"欧亚经济联盟"的建设，土耳其宣扬"中间走廊"计划，欧盟升级"亚欧互联互通"计划，等等。与此同时，与中亚五国开展"C5+1"合作，似乎是诸多关心中亚事务大国的标配。在提出如此多的经济合作倡议和各国热衷推进"C5+1"合作机制建设的背景之下，如何处理中亚地区机制拥堵的问题，是中亚域内外国家均需要积极思考的问题。竞争领域和合作机制的趋同，本身或许不会带来太大的问题；然而，一旦各国的合作均秉持零和博弈的逻辑，那么它们之间的碰撞乃至冲突就在所难免。如此一来,"无声的协调"很有可能会变成"喧嚣的争吵",这对中亚地区秩序而言并非福音。

第三,2022年乌克兰危机升级后,俄罗斯在中亚地区的准单极结构出现了松动。这是近两年域外大国蠢蠢欲动的重要原因。尽管基于其传统影响和路径依赖,俄罗斯在中亚地区的影响力不会立即消失,故短期内大国在中亚地区形成的"差序竞合"状态会得以维持,但需要密切关注两个变量的变动:其一,中亚国家对俄罗斯的态度;其二,大国是否继续遵守中亚地区"潜规则"。一旦中亚国家冒进地追求战略自主性和其他域外大国对俄罗斯在该地区的影响采取无视乃至蔑视的态度,难保俄罗斯不采取极端行动以维护自身在该地区的"特殊"利益。归根结底,"差序"互动得以维系的前提是大国在中亚地区地位的"序"和利益的"差"。一旦"序"和"差"被诸大国视为有悖于平等的原则,进而蜂拥且"奋勇"追求彼此地位的平等和利益的均衡,那么"差序"互动不可避免会变成"无政府状态下的零和博弈"。到那时,"新大博弈"也将一语成谶。

大国技术竞争如何重塑国内政治经济

黄琪轩[*]

2023年,美国国家安全顾问杰克·沙利文(Jake Sullivan)在布鲁金斯学会发表演讲,提出"新华盛顿共识"(New Washington Consensus)。这一"共识"显著修正了传统的"华盛顿共识",公开质疑"市场经济""全球化"与"自由贸易",并强调"政府引导的产业政策与创新政策"。

事实上,不同学者对美国技术发展过程中政府扮演的角色认识有显著不同,他们对此冠以不同名称。琳达·维斯(Linda Weiss)称之为"国家安全国家"

---

[*] 黄琪轩,上海交通大学国际与公共事务学院副院长、教授;上海交通大学政治经济研究院兼职研究员;上海市创新政策评估研究中心研究员。

(national security state),展示美国政府在安全驱动下积极推动军民融合;① 玛利亚娜·马祖卡托(Mariana Mazzucato)称之为"企业家国家"(entrepreneurial state),强调美国政府像企业家那样成为活跃的经济主体,积极推动战略产业成长;② 弗雷德·布洛克(Fred Block)等人则称之为"隐蔽的发展型国家"(hidden developmental state),展示美国多个政府部门通过隐蔽的产业政策推动技术成长。③ 不少学者试图揭示美国技术发展一直有着"国家引导的发展"这一印记。但更多学者则强调美国是自由市场资本主义的典型范例。以彼得·霍尔(Peter Hall)和戴维德·索斯凯斯(David Soskice)等为代表的学者将美国经济与技术发展模式归为"自由市场经济"(liberal market economy)。该经济模式主要通过自由市场的价格机制来调节要素资源,促使激进创新不断涌现。④ 对美国技术发展模式大相径庭的判断体现出不同学者迥异的成长经历、学理背景和价值偏好。值得指出的是,在不同发展时段,在不同国际环境下,美国技术发展模式也在适时调整。

托马斯·霍布斯(Thomas Hobbes)在《利维坦》一书中展示了三种构成竞争的原因:为利益、为安全以及为声誉;与此相对应的三类竞争是:经济竞争、安全竞争与声誉竞争。大国技术竞争也围绕这三个维度展开。事实上,当大国技术竞争集中在经济领域时,参与主体更多是企业,学者大都称之为企业战略与企业竞争;而当大国技术竞争更多体现在安全领域时,名副其实的"大国技术竞争"就出现了。此时,即便经济竞争、声誉竞争也会赋予安全意义。从美国与诸大国在技术进步中扮演的角色来看,"自由主义"与"重商主义"的手段与特色会交替出现。赵鼎新教授在其《儒法国家:中国历史新论》一书中展示:经济竞争促使社会权力弥散化;而安全竞争则导致权力集中化。⑤ 在技术领域,安

---

① Linda Weiss, *America Inc.: Innovation and Enterprise in the National Security State*, Ithaca: Cornell University Press, 2014, pp. 1 - 20.
② Mariana Mazzucato, *The Entrepreneurial State: Debunking Public vs. Private Sector Myths*, London: Anthem Press, 2013, pp. 1 - 13.
③ Fred Block, Matthew Keller and Marian Negota, "Revisiting the Hidden Developmental State", *Politics & Society*, vol. 36, no. 2, 2023, pp. 1 - 15.
④ Peter Hall and David Soskice, eds., *Varieties of Capitalism: The Institutional Foundations of Comparative Advantage*, New York: Oxford University Press, 1986, pp. 1 - 70.
⑤ 赵鼎新:《儒法国家:中国历史新论》,徐峰、巨桐译,杭州:浙江人民出版社2022年版,第11页。

全竞争会驱使技术进步呈现自给程度高、覆盖范围广、安全驱动强等特点。当大国技术竞争的安全维度凸显时，大国技术模式更是呈现出"国家引导的发展""重商主义""国家主义"以及"保护主义"等特征；而当大国技术竞争的其他维度（如经济与声誉）占主导时，大国技术模式中"国家引导"的色彩会相应褪去。世界政治具有周期性，大国安全竞争会周期性地加剧，大国技术竞争的安全维度也会随之周期性地显现，那么"国家引导的发展""新重商主义"等技术模式则可能周期性地复兴。笔者在《大国权力转移与技术变迁》一书中曾展示外部安全环境如何促成大国技术竞争，进而塑造国内政治经济。[①] 具体来讲，当大国技术竞争的安全维度凸显时，在技术领域，"国家引导的发展"会驱使国内政治经济呈现至少以下五个方面的特点：

其一，更加强调"技术自主"。世界政治中各国最大的国家利益就是"生存"。为确保"生存"，大国更担心技术上依附其他大国。在国际安全竞争加剧时，大国政府就更重视"自助"（self-help）、"自主"（autonomy）。而在安全竞争中，"技术自主"是维护国家生存和发展的重要手段。社会学家维尔纳·桑巴特（Werner Sombart）在考察资本主义兴起的历史时有系列作品，其中一部叫《战争与资本主义》。他指出：大国在置办其全部战争物资时，力图摆脱对外国的依赖，催生了本国的民族工业。[②] 当前国际关系学界热议"武器化的相互依赖"。在国际分工中，具有优势地位的一方会用"断供""监控"等手法，让相互依赖变成对外强制的工具。当大国技术竞争的安全维度凸显时，大国会提升自身关键核心技术的自主性，防止被"武器化的相互依赖"绑架。冷战极大地改变了美国、苏联的国内政治经济环境，美苏双方不仅自己着力提升技术的"自主性"，还要求盟友参与其中。美苏两国均有为数众多、训练有素的科研和技术人员，分布在科学与技术各个领域，研发活动相互重叠，研究方法各有异同，研究结论互补或相反。为实现"技术自主"，美苏双方科研人员从事着"高水平重复劳动"。从苏联的领导讲话、政府文件、学界论述中不难发现：苏联不断出现对技术引进的批评。他们认为引进海外技术会导致苏联对美国的政治经济依赖；会使苏联付出很大代价。事实上，国际关系史上大国技术竞争不断驱使"技术自主"回归，也不断促使参与各方"技术民族主义"抬头。

---

① 黄琪轩：《大国权力转移与技术变迁》，上海：上海交通大学出版社2013年版，第1—43页。
② 维尔纳·桑巴特：《战争与资本主义》，晏小宝译，上海：上海人民出版社2023年版，第154页。

其二，更加侧重"安全驱动"。技术进步既服务于"发展"，又服务于"安全"。当大国技术竞争的安全维度凸显时，"安全驱动"会显著塑造国内技术与产业结构。因为安全目标更直接、更迫切、更显著地服务于国家生存与自主。在此背景下，大国的资源投入、技术发展、产业成长、经济结构很容易"泛安全化"。在美苏冷战背景下，苏联对军事研发的投入显著增加。苏联成功地模仿了西方大国几乎在所有领域的军事技术，包括坦克、飞机、原子弹以及火箭等，还依靠自身努力将人造地球卫星送入太空。从技术发展的优先顺序看，苏联军用技术优先于民用，重工业优先于轻工业。苏联有着先进的国防技术部门，军民技术存在显著的"二元格局"。由于民用技术严重落伍，到冷战后期，当苏联政府试图推动"军转民"时，民用部门已无技术能力吸收来自军用部门的先进技术。在传统自由市场的平衡下，美国并没有呈现如此显著的技术"二元格局"，但其技术的"安全导向"也非常显著。弗农·鲁坦（Vernon Ruttan）在其著作《战争是经济增长的必要条件吗？》中指出，美国军事与国防研发及采购推动了大量与安全相关的技术与产业发展。大规模生产、航空业、核电行业、计算机产业、互联网以及空间等技术领域的发展均源于军事采购。不仅技术发展如此，乃至基础科学的发展也显著受安全驱动影响。在20世纪50年代中期，美国天文学还是物理学下属的一个小分支，研究人员不到三百位。由于苏联在空间领域取得技术优势，美国政府开始大规模资助天文学。大量资金注入使美国天文学得到前所未有的发展。在大国技术竞争驱动下，政府在权衡"安全"与"发展"资源时，服务"安全导向"的技术投入会迅速增长，国家的技术与经济结构会随之显著改变。

其三，更加重视"政府介入"。保障技术自主、服务国家安全的方式很多，可以依靠市场逐渐发展本土技术，也可以依靠政府规划引导。在国际安全竞争加剧时，大国技术竞争的安全维度凸显。安全驱动的紧迫性常常让国家更为直接地介入技术发展，以"耐心资本"的角色参与重大技术项目，以"关键人物"的身份协调各方参与，进而保障在更短的时间里实现"技术自主"。德国政治经济学家弗里德里希·李斯特（Friedrich List）用植树造林的比喻来展示国家对重要技术与产业的干预。他说："经验告诉我们，风力会把种子从这个地方带到那个地方，因此荒芜原野会变成稠密森林；但是要培植森林因此就静等着风力作用，让它在若干世纪的过程中来完成这样的转变，世上岂有这样愚蠢的办法？"技术进步具有相对性，大国技术竞争让技术发展的速度变得重要，政府常常直接介入以期加速实现其目标。在第二次世界大战期间，阿尔伯特·爱因斯坦（Albert Einstein）给美国总统小罗斯福写信，强调美国政府务必尽快、大幅介入，加速原子弹制造，因为纳粹德国也开始制造原子弹。安全竞争的紧迫性促使大国政府介入来解决重大技术进步的"大规模协调"问题，来克服重大技术项目的资金供给、人员配置问题。在第二次世界大战期间，除了人所共知的"曼哈顿计划"，美国政府还投资了约7亿美元，协调五十一个工厂来研制生产合成橡胶，以打破日本对东南亚橡胶园的占领带来的供给短缺。在美苏冷战期间，美苏政府同样积极介入关键技术发展中。苏联国防工业部主要负责常规武器的科技；航空工业部主要负责飞机以及飞机零部件；造船工业部负责船舶设计与研发；电子工业部与无线电工业部负责电子产品零部件及其设备；中型机器制造部负责核武器及相关科技；通用机器制造部负责战略导弹研制。以自由市场经济著称的美国也亦步亦趋。1946年，在国会授权下，美国海军建立了海军研究局。这是美国政府建立的第一个对科研进行监管的政府机构。1950年，美国政府继而成立了国家科学基金以整合科研资源。为应对苏联技术挑战，美国还相继成立国家航空航天局、国防部高级研究计划署等机构。美苏两国的相应举措不一而足，新成立的机构纷纷涌现。安全驱动的紧迫性常常让国家更为直接地介入技术发展，扩充政府规模，扩大政府职能。

其四，更为呈现"集中参与"。大国政府调动经济与技术资源的能力是企业等其他行为体难以比拟的。大国政府的活动会显著影响国内企业、科研院所等其他行为体。在大国技术竞争背景下，尤其是安全维度竞争加剧时，大国政府对技术发展的干预比较聚焦；对经济资源的调动和组织比较集中；对大企业、大院校、大科学、大项目有特殊偏好，集中选取一批有战略意义的技术项目，以及有良好资质的参与者，以期尽快实现相对于竞争对手的相对优势。与此同时，参与到大国技术竞争的企业、院校和地区存在较大能力差异，符合资质的参与者往往少之又少。此时政府与企业存在"双边垄断"的特征，买卖双方均为集中参与。在大国技术竞争背景下，以往相对分散的、分权的、竞争性的政治经济安排常常会受到挤压和冲击。在冷战时期，国家对技术的干预更带"计划色彩""集中引导"，由此给大企业集团提供发展机会，致使市场结构呈现相对集中的特点。美苏两国政府将资源集中投向一些大型项目、大企业、重点科研院所、重要地区。

这样集中性的技术规划引发了一系列的国内政治经济调整。"二战"刚结束，为打破美国核垄断和军事优势，苏联政府就启动一系列重大军事研发项目，包括研制核武器、火箭以及飞机引擎等。此后，在太空、计算机与互联网等技术领域，苏联政府在研发领域的"集中资助"和其计划经济体制相互强化。事实上，不仅计划经济的苏联如此，市场经济的美国同样如此。冷战时期美国的国防政策显著侧重一些项目、企业、大学以及地区。在1960年，美国联邦政府在学术研究和大学附属研究中心花费了近10亿美元。巨额投入集中到了美国主要大学，其中79%的资金投给了20所大学，如斯坦福、加州大学伯克利分校、加州理工、麻省理工、哈佛大学等。在20世纪60年代初期，有一半以上的联邦政府对大学研发资助被美国六所大学瓜分。如果说这些大学是"冷战大学"，那么还存在类似的"冷战企业""冷战地区"。美国政府科研合同耗资不菲，而在获得政府合同的200家企业中，10%的企业获得了40%的经费。在大国技术竞争加剧时，大国政府介入程度更高，重点干预幅度更大，进而影响企业、院校等参与者，使国内经济更可能呈现集中性、垄断性等特征。

其五，更加强化"军工集团"。集中的科研资助与产品采购，集中的企业与院校参与，塑造了一个活跃的国内利益集团。早在1953年，美国总统德怀特·艾森豪威尔（Dwight Eisenhower）就表达了他的忧虑：美国造出的每一支枪、下水的每一艘战舰、发射的每一枚火箭说到底意味着偷窃了那些衣不蔽体、食不果腹的人们。为造一艘驱逐舰，我们可以为8000多人盖新的住宅。艾森豪威尔抱怨美国有一个"军工复合体"，由国防部门、军工企业和国防科研机构等组成。这个利益集团在夸大外部威胁，推动军事研发不断增长。像"军工复合体"这样的国内利益集团的成长有着深刻的国际背景。大国为安全而展开的技术竞争为"军工复合体"等团体的发展壮大提供了外部驱动。从1945年到1970年，美国政府军事开支超过1967年全美产业和住宅价值的总和。1945年到1968年，与美国国防部相关的产业部门提供了价值高达440亿美元的产品和服务，价值超过通用电气、杜邦公司和美国钢铁销售额的总和。在同一时期，也有研究者用"军工复合体"这一概念来分析苏联"军工集团"。不管用何种概念，在大国技术竞争背景下，大国政府为实现"技术自主"，更加直接地介入技术发展、大力推动"安全导向"的产业成长。政府的集中干预，企业与院校的集中参与为国内"军工集团"的成长创造了条件。在"军工复合体"推动下，美国军事投入，尤其是国防科技投入不断攀升；美国军队急剧扩张，军事工业一再增长到"二战"时水平。更为重要的是，一个庞大的利益集团使"战时预算永远维持下去"，使美国发展成一个"永恒的战争经济体"。此类利益集团的存在既解决了问题，又带来了问题。因为它们会强调威胁，强化威胁，维持庞大的"安全导向"的技术开支。

概言之，在大国技术竞争背景下，参与诸国的国内政治经济会呈现显著变化。就政策理念而言，参与大国会更加强调"技术自主"，这为"技术民族主义"思潮的兴起提供了契机；就技术与产业布局而言，它更加强调"安全驱动"，这导致国内政治经济中"军民分割"的风险日益增长；就政府角色而言，它更强调"政府介入"，这导致政府日益卷入经济与技术发展，推动"大政府"出现，即便"自由市场经济"的典型也难摆脱这一趋势；从企业、院校等诸多社会参与者来看，具备资质的重点参与者会"集中参与"到相关的技术任务中，加强国内经济结构与资源的集中；在此背景下，一个活跃的"军工集团"会活跃在政治舞台，加强既定政策的路径依赖。上述几个方面的特征，都和历史上的"重商主义""新重商主义"有不同程度的吻合。大国技术竞争有周期性，"国家引导的发展""国家主义""新重商主义""隐蔽的发展型政府"可能会周期性地回归。历史上，这样的回归曾发挥过积极的作用。但此类发展模式的回归也伴随着隐忧，主要体现在以下两点。

其一，"正反馈"的风险。一般而言，"新重商主义"也好，"国家引导的发展"也罢，当国家在安全压力下更为直接介入市场时，技术发展往往会呈现"正反馈"特征，这一发展模式常常会弱化既定政策的修错与调适。在政府统筹和设计下，其技术路线与产业政策往往是政治决定；而政治领域的决策容易呈现"正反馈"特征。所谓的"正反馈"机制就是当 A 值提高造成 B 值提高，而 B 值提高后的信息反馈又将导致 A 值进一步提高。人的特性尤其是政治领域的特性会造就大量的"正反馈"机制。要么是参与各方对权力的尊崇与依附，要么是重要参与者通过理念来实证自身行为的合理性，"权力会带来更多的权力"。相关政策一旦出台，就会有诸多参与者亦步亦趋地追随，这样的政策容易被以往的成功所绑架，被流行理念所强化。即便政策遭遇挫折，决策者也会认为受挫的原因并非政策自身。如此一来，该政策就会出现"骑虎难下""上山容易下山难"的局面，只能"华山一条道"，不断往前推进，将政策实践推到一个又一个新的高度。"新重商主义""国家引导的发展"过程中出现的"正反馈"特点使其难以自我调适和修错。苏联领导人盛赞太空计划的高质量,但是苏联领导人却难以回答这一问题:如果苏联有能力解决如此规模巨大且任务艰巨的难题,为什么甚至要从国外购买最简单的技术产品?以苏联太空计划为代表的技术项目包含了太多政治决定,最终越推越远,难以回头。市场中的价格机制具有"负反馈"特征。一旦脱离市场,缺乏价格机制带来的"负反馈"调适修正,大型技术项目只能越推越远,直至出现重大问题。即便伴随"国家引导的发展"的回归,在"正反馈"的、政府主导的技术项目中,也需要保留足够的价格机制这一"负反馈"制约。

其二,"集中攻关"的风险。当国家在安全压力下更为直接地介入技术发展时,技术项目往往是顶层设计、统一布局、集中攻关,但其面临的挑战是由此带来系统风险而缺乏替代选择。技术与产业发展具有显著的"不确定性"。对未来的技术发展趋势,即便是最强大的组织与企业也知之甚少,对其发展预测往往机会渺茫。为了给难以规划的、不可预测的技术发展提供空间,分权的、分散的、自发的试错往往是必不可少的。在安全压力下,政府直接介入技术进步,实施"顶层设计""集中攻关""统一布局",这就不可避免会出现"把所有的鸡蛋放到一个篮子里",导致系统风险不断地累积,出现"一荣俱荣、一损俱损"的局面。美苏竞争中,美国大量的技术尝试都遭遇失败,但得益于多元主体的参与,如军人、官员、学者、商人乃至电子游戏爱好者,各方参与者贡献迥异的技术标准与方向,美国技术发展有更多的替代选择。即便伴随"国家引导的发展"回归,在"集中攻关"的、政府主导的技术项目中,也需要鼓励诸多规划之外的参与者尝试犯错,为政府想象力之外的、设计之外的参与者提供活跃的技术竞技舞台,让"分散试错"有足够的空间,提供大家都意想不到、预见不到的技术选择。

随着大国技术竞争加剧,"政府引导的产业政策与创新政策"会周期性地回归。参与各国会更加强调技术自主;更加侧重安全驱动;更加重视政府介入;更加呈现集中参与;更为加固"军工集团"。历史上,"政府引导的产业政策与创新政策"既孕育了世界政治中的重大技术变迁,相应风险也相伴而生,即"正反馈"与"集中攻关"的风险。在"找回国家"的同时,历史经验还让我们关注"安全"与"发展"的相互嵌入,政府与市场的相互嵌入;在"找回国家"

的同时，让价格机制与分散试错为大国技术竞争提供始料不及、不期而来的替代技术选择。

技术创新的分配效应及其对国际竞争的影响

张倩雨[*]

技术竞争作为推动国际权力格局转换的关键动力，正日益成为国际竞争中最复杂、最重要和最突出的表现形式。然而，正如约瑟夫·熊彼特所言，技术创新的本质是创造性破坏，它在创造出新结构的同时也在不断摧毁旧的结构。[①] 因此，技术创新必然在一国国内产生分配效应，形成"赢家"和"输家"的分化，利益受损者很可能组织起来对技术创新施以最强烈的反对和阻碍。这意味着，希望通过技术创新赢得国际竞争的国家，必须深刻认识技术创新的潜在破坏性，并准确识别国内潜在利益受损者的范围，从而针对性地化解阻力，在全社会范围内塑造一种鼓励和支持技术创新的积极氛围。

一 分配效应为何发生？

技术创新之所以产生分配效应，主要源于技术演进所具有的自我增强和路径依赖特征。理查德·纳尔逊和西德尼·温特最早提出"自然轨道"的概念来描述技术演进受到先前"基因"遗传的规定而沿特定方向发展的趋势。[②] 乔万尼·多西则借用托马斯·库恩"科学范式"的概念对技术轨道的思想进行了完善。他指出，技术轨道是由技术范式所限定的技术进步的轨迹，其形成由技术范式本身决定。技术范式是指解决经过选择的特定技术问题的模型（model）和模

---

[*] 张倩雨，中国社会科学院亚太与全球战略研究院助理研究员。
[①] 约瑟夫·熊彼特：《经济发展理论》，贾拥民译，北京：中国人民大学出版社2019年版，第64页。
[②] Richard R. Nelson and Sidney G. Winter, *An Evolutionary Theory of Economic Change*, Massachusetts: Harvard University Press, 1982.

式（pattern）。技术轨道在技术范式所规定的变化范围内，逐渐形成特定的演化轨迹和前进方向。① 在多西看来，新旧技术轨道的更替，意味着新旧技术范式的转换。随着新的技术范式逐步形成并确立，旧有技术范式的作用将被不断削弱直至消亡。

与多西等学者认为技术系统的向前发展是一种自主趋势（内在动力）不同，技术的社会建构论（social construction of technology, SCOT）强调，技术的形成与各类社会因素密切相关，提高落后技术的生产效率只是新技术出现的诱因。这意味着，很难通过一种纯粹理性的科学研发方式实现技术创新，群体的选择、利益的冲突等社会不确定因素本质上决定着技术的最终发展方向。技术活动将技术的、社会的、经济的、政治的各种因素编织进了一张"无缝之网"（seamless web），人们虽然可以从中辨别技术因素和非技术因素，如机器和操作者，但这只是一种抽象分析的结果，现实中各种因素是相互交织、难以明确区分的。② SCOT虽然弥补了将技术系统视为自主所带来的技术决定论的不足，但却在强调社会因素的决定作用方面走得过远，忽视了技术发展的社会后果，以至于在打开"技术的黑箱"时却丢掉了技术本来的内容。

与技术的社会建构论相比，美国技术史学家托马斯·休斯更加强调技术系统内各要素之间的相互作用和相互影响，从而弱化了技术的社会决定论的色彩。在休斯看来，技术是由物理性质的人造物（physical artifacts）、组织和机构以及立法性质的人造物（legislative artifacts）组成的复杂系统。其中，物理性质的人造物是指传统意义上的技术载体，如涡轮机、变压器等，组织和机构包括企业、研究所、银行等开发或支持技术开发的主体，立法性质的人造物则指规章制度和法律法规等。休斯指出，作为一种推动技术系统向前发展的惯性驱动力量，"技术动量"（momentum）实际上描述的是系统内的任一要素发生变化带动其他要素协同变化的现象，它并非技术系统的内在本质，而是在要素互动中产生的。③

---

① Giovanni Dosi, "Technological Paradigms and Technological Trajectories: A Suggested Interpretation of the Determinants and Directions of Technical Change," *Research Policy*, vol. 11, no. 3, 1982, pp. 147 – 162.

② Wiebe E. Bijker, Thomas P. Hughes and Trevor Pinch, eds., *The Social Construction of Technological Systems: New Directions in the Sociology and History of Technology*, Massachusetts: The MIT Press, 1993, pp. 17 – 50.

③ Wiebe E. Bijker, Thomas P. Hughes and Trevor Pinch, eds., *The Social Construction of Technological Systems: New Directions in the Sociology and History of Technology*, pp. 51 – 82.

对技术系统与外部环境之间的互动关系做出最具影响力的阐述的当数英国演化经济学家卡萝塔·佩蕾丝。她指出，技术革命不应被单纯地理解为硬件层面新的产品、技术产业和基础设施的革新，其影响事实上会扩散到更广泛的领域，促使所有经济活动的潜在生产率实现量子跃迁，甚至引发深刻的社会变革。由此，佩蕾丝用"技术经济范式"取代"技术范式"，并表示这是一场特定的技术革命得以运用的最有效方式以及利用这场革命重振经济并使之现代化的最有效方式。新的技术经济范式一旦得到普遍采纳，将成为组织一切活动和构建一切制度的常识基础，甚至成为一种时代精神。[①] 用一个形象的比喻来描述，技术经济范式由"硬核"和"保护带"两部分构成。"硬核"体现为核心技术群，"保护带"则是与核心技术群相关的一系列社会因素，是政治、经济、文化、宗教等诸多社会意识相关的综合。技术经济范式在技术与社会融合的过程中形成，通过"硬核"之外的"保护带"表现出一定的"韧性"。

二 谁在反对科技创新？

作为国际政治经济学领域被广泛用来分析国际经济对国内政治分化影响的重要理论工具，社会联盟理论的核心是考察对外经济政策的收入分配效应导致谁受益、谁受损，从而分析不同社会集团如何在利益的基础上分化聚合，以形成对某项对外经济政策的社会支持模式。例如，罗纳德·罗戈夫斯基在《商业与联盟》一书中详细讨论了国际贸易变化如何影响国内不同要素所有者的利益分配，以及在此基础上形成的政治联盟。[②] 一国的技术创新虽然很难被归入对外经济政策的范畴，但创造性破坏所体现的技术创新的分配效应意味着，我们可以遵循社会联盟理论的思维路径，以不同群体和个人在技术创新中的具体利益为基础，刻画一国技术创新的社会支持模式。

如前所述，技术演进具有自我增强和路径依赖的特征，将随时间推移形成特定的技术经济范式。在一定的技术经济范式下，核心技术投资者凭借对技

---

① Carlota Perez, *Technological Revolutions and Financial Capital: The Dynamics of Bubbles and Golden Ages*, Cheltenham: Edward Elgar, 2002.

② Ronald Rogowski, *Commerce and Coalitions: How Trade Affects Domestic Political Alignments*, Princeton: Princeton University Press, 1989.

的垄断获取超额利润,并致力于维持和发展这种范式以长期保持超额利润。一个技术经济范式存在的时间越长,就越可能发展起强大的分利集团。比起努力增加全社会的总体利益从而使自身在社会总利益中的份额也相应增大,分利集团倾向于在社会总体利益不变的情况下通过分享更大的份额使其成员获益。因此,就经济后果而言,分利集团将减缓社会采用新技术的能力和为回应不断变化的条件而对资源的再分配,导致经济增长率下降和社会僵化。[1] 然而,以技术创新竞赢大国地位的本质恰恰在于通过一国内部产业结构调整和资源投放的重新布局,抢占战略新兴领域的技术优势甚至是技术垄断。由此可见,技术创新的最大国内阻力或许不是缺乏创造性的新思想,而是那些出于种种原因力图保持现状的社会势力。

根据集体行动的逻辑,由于技术创新的收益通常较为分散,并且需要数十年才能逐渐显现,但损失往往更加立竿见影且更为集中。因此,捍卫现状的、狭隘的、自我服务的利益集团和个人较之那些支持技术变革以促进社会整体发展的广泛群体更容易组织起来,反对技术创新的力量也会比那些为变革而奋斗的力量更加强大。潜在利益受损者将采取诸如暴动、破坏机器、针对创新者的个人暴力等非法律途径阻碍新技术的形成和应用,甚至完全消除技术创新的可能。例如,英国在工业革命期间曾遭遇手工业者最强烈的抵抗,这场针对工业机器的暴力反抗就是历史上著名的"卢德运动"。大型复杂机器的"入侵"使手工业者的就业机会、行业习惯乃至价值观都面临根本性冲击,于是他们冲进工厂砸毁象征工业主义及其文化的机器设备。英国政府则以逮捕、监禁甚至是处以绞刑的方式回应他们的暴力行为。由此可见,英国工业革命事实上是在动荡、冲突和暴力中进行和完成的。

佩蕾丝具体指出,技术创新将带来以下六个方面的分化:1. 新兴产业和成熟产业之间的分化;2. 新的或以新的方式升级的现代企业和仍然附着于旧方式的企业之间的分化;3. 现已陈旧的产业集中地带和由新兴产业占据或因之受益的新空间之间的分化;4. 经训练后参与到新技术的劳动力和技能日益过时的劳动力之间的分化;5. 在现代企业中工作或在充满活力的地区生活的人群和仍生活在停滞地区、为失业及不稳定收入所威胁的人群之间的分化;6. 立于技术创

---

[1] Mancur Olson, *The Rise and Decline of Nations: Economic Growth, Stagflation, and Social Rigidities*, New Haven: Yale University Press, 1984.

新潮头的国家和技术落后的国家之间的分化。前五种分化中的后者都有可能成为一国内部技术创新的潜在反对者。马克·泰勒也指出，技术创新的潜在利益受损者包含四类人群，分别是：1. 经济失败者，他们的资产价值将因新科技的应用而显著减少；2. 社会失败者，创新将改变他们利用或控制现有技术的能力，或者会对他们依现有技术而获得的收益产生负面影响；3. 文化失败者，创新可能与他们长期持有的道德或规范价值相矛盾；4. 政治失败者，他们的政治权力或合法地位将受到科技进步的冲击。①

三 如何影响国际竞争？

由于技术的自我增强和路径依赖特征，每一次大规模技术创新都可能在社会范围内形成受益者和受损者的分化，而受损者通常较受益者更容易组织起来反对技术创新。由此带来的问题是，在这种弥漫着反对情绪的社会氛围中，国家为什么有动力进行技术创新？海伦·米尔纳认为，关键解释在于国际体系的竞争激烈程度。米尔纳指出，国际体系无政府状态所施加的"进化压力"提醒各国要通过技术创新提高生产力和军事实力，以实现繁荣和生存。但在一般情况下，决策者会在国内对技术创新的强烈抵制和国际环境的压力之间保持谨慎平衡。当国际竞争——特别是为生存或优势而进行的国际竞争加剧时，一国所面临的外部经济和军事威胁超过了国内政治经济紧张关系，由此产生的"创新不安全感"（creative insecurity）将使决策者有更强的动机去推动、促进和/或资助技术创新。②

上述分析表明，国际竞争是一国开展技术创新的重要动力，而分配效应则会成为技术创新的主要阻力，它们之间的强弱对比影响着一国能否真正开启有利于技术创新的系统转型进程。对于希望通过技术创新赢得国际竞争的国家而言，首先要做的便是妥善应对和处置潜在利益受损者对技术创新的反对和抵制。可能有三类应对方式：第一，如果一国国土面积广阔且拥有大片有待开发

---

① Mark Zachary Taylor, *The Politics of Innovation: Why Some Countries are Better than Others at Science and Technology*, New York: Cambridge University Press, 2016, p. 195.
② Helen V. Milner and Sondre Ulvund Solstad, "Technological Change and the International System," *World Politics*, vol. 73, no. 3, 2021, pp. 545–589.

土地，可通过地理空间上的迁移缓解社会矛盾，这曾是早期美国的应对方式，但在当前已较难实现；第二，通过某些治国术来转移社会矛盾，从而将市场逻辑及其所伴随的风险强加给普通大众；第三，提前或及时为技术创新中的弱势群体和潜在利益受损者提供社会保护和新技能培训，从源头解决分配效应及其所带来的阻力，从而建构有关技术创新的广泛社会共识，形成推动技术攻关的强大合力。

不论一国具体采取何种应对策略，技术创新的分配效应都启示着决策者：在产业技术革新的过程中，既要利用好创造性破坏中具有创造性的一面，充分发挥技术创新对经济增长的推动作用，同时也要妥善应对和处置具有破坏性的一面，尽可能地将潜在利益受损者对技术创新的反对和破坏限制在可控范围内，避免大规模企业破产和结构性失业对社会稳定秩序的冲击。

国际制度间竞争的焦点和形式

刘宏松[*]

国际制度间竞争的主体不是国家，而是国际制度。国际制度研究有一个重要议题，叫作机制复合体，在同一个议题领域存在多个制度。制度之间会产生互动，既可能出现竞争，也可以形成合作。国际制度之间的合作，有水平的合作，也有垂直的更高层级制度和低层级制度之间的合作。

竞争怎么产生的？竞争有一个重要根源就是资源有限。项目资源有限，很多人都去申请，必然会有竞争。优质教育资源、发表资源等也都有限，就会产生竞争。国际制度间竞争的焦点也在于资源，同一议题领域的国际制度都要竞争有限资源。国际制度需要持续资源投入。联合国的经费就需要持续投入，比如维和行动需要持续经费投入，没有这样的资源投入，联合国就不可能有效运转。世界银行、亚洲基础设施投资银行以及其他多边开发银行，也需要持续的资源投入。国

---

[*] 刘宏松，上海交通大学国际与公共事务学院教授。

家要提供资金，还要给信用支持，因为多边开发银行要借助信用在国际金融市场上融资。国家既可以向世界银行注资也可以向亚洲基础设施投资银行注资，也可以向其他多边开发银行注资。不同的多边开发银行为了获取这些资源就会展开竞争。

国际制度要借助自身某些表现才能在竞争中胜出。首先是治理能力，治理能力强，国家认为向这个制度投入资源可以有更大回报。其次是权威。社会学讲到三种权威，即合法权威、道德权威、专业权威。国际制度的行为要符合普遍预期，要具备合法性，当然包括道德权威在内的权威也是制度在全球治理当中发挥作用的一个重要条件。为了获取资源，就要增强自身合法性和治理能力，其中治理能力的作用更大。国际组织在面临合法性危机时，外界投入可能会减少，所以国际官僚机构自身也会进行自我合法化。自我合法性的主体是国际官僚机构，就是国际组织本身，因为它们有这样的动力。治理能力谁来提升呢？主要是国家。治理能力的提高会带来资源投入的增加，治理能力强，国际制度的成员国才会认为向这个制度投资是值得的。新自由制度主义理论提出后，受到一些现实主义者的批评，基欧汉和他的学生马丁写了一篇回应文章，里面讲到制度如果没有价值的话，国家怎么会投资于国际制度呢？为什么值得投资，就是因为它有足够强的能力，治理能力越强，国家投资动力才会增强。资源投入和治理能力之间是相互影响的，资源投入之后治理能力变强，治理能力增强会带来资源投入增加，资源投入增加之后又会引致治理能力增强。

国际制度当中有主导国，比如在世界银行中美国是主导国，美国对世界银行的决策有重要影响，而在亚洲开发银行中日本的影响更大，虽然日本和美国的股本一样，但是日本通过一些非正式渠道，比如说亚洲开发银行行长都是日本人担任，正式投票程序与非正式渠道加在一起，使得日本在亚洲开发银行当中成为主导国。《世界政治》（*World Politics*）期刊上发表过一篇文章，讲日本如何通过影响亚洲开发银行贷款决策来影响联合国安理会非常任理事国选举中的投票支持。这就说明，制度治理能力对于主导国来说是非常有价值的，治理能力越强，产生的影响就越大，主导国就有提高治理能力的积极性。国际制度之间的竞争客观上也会带来主导国之间的竞争，同一领域不同制度的主导国都想提高自身所主导的制度的治理能力，比如中国在亚洲基础设施投资银行当中有很大影响力，也有提高亚洲基础设施投资银行治理能力的积极性。

国际制度的治理能力主要受到两个因素的影响。一方面，一个国际制度的治理能力在很大程度上受到国际制度汇聚的资金、信用、专业知识等各个方面资源的影响。国际制度有一篇经典文献讲国家为什么通过正式国际组织行动，就是汇聚资源，联合生产。汇聚了这些资源，才能够形成治理能力。另一方面，治理能力还受到国际制度在机制复合体当中位置的影响。一个议题领域的不同制度产生互动，形成机制复合体，有的机制复合体有一个中心制度，比如在多边开发性这一议题领域，世界银行就是这样一个中心制度，其他新建立的多边开发银行在投票程序、决策程序、运营机制等各个方面，都要参照世界银行的规则。

治理能力的门槛会影响既有制度面临的来自新建制度的竞争。一个制度要在某个议题领域开展有效治理，它的治理能力要达到一定门槛。首先，治理能力门槛会因规模效应而产生。为什么世界银行能够占据中心制度地位？首先它在机构以及专业人员等各个方面达到很大规模。多边开发银行除了提供贷款以外还要提供与借款国本地发展相关的知识，要扮演知识银行的角色，规模太小，就不可能扮演这样的角色。规模门槛就是它的治理能力门槛。其次，治理能力门槛还会因网络效应而产生。有的制度治理能力会随着参与者的互动或者交易而建立起来，交易者数量会产生网络效应，比如 SWIFT 就属于这种类型。如果一个领域网络效应强，在这个领域要建立新的制度很难达到那个门槛。

规模效应和网络效应加在一起会形成治理能力门槛，进而影响既有制度面临的来自新建制度的竞争。IMF 所在的议题领域，因为网络效应强，门槛比较高，不容易受到新制度的挑战，IMF 面对的竞争就很小。有些议题领域，规模效应不强，网络效应也不强，治理门槛就比较低。因为治理门槛比较低，可以新建制度，然后会出现很多平行制度。如果出现平行制度，国家就可以将资源投入其他制度，不一定在这个国际制度当中投入资源，还可以在其他制度投入资源。如果没有这样的外部选择，就没有新的投资选择，国家的讨价还价能力就比较弱。而讨价还价能力的强弱又会影响到国际制度改革的成败，比如说寻求改革的国家想要改革国际制度，总要有谈判筹码，平行制度所带来的外部选择就是它的筹码，没有这样的平行制度，它就无法与现有制度中的主导国展开讨价还价，就很难推动国际制度的改革。

既有研究表明，多边开发银行与 IMF 相比，治理能力门槛比较低。但笔者认为多边开发领域的治理能力门槛也不是很低，在多边开发银行领域创建一个有足够强的治理能力的新制度，比如中国牵头创建的亚洲基础设施投资银行，也是有治理能力门槛的。中国自身掌控的经济资源已经到了非常丰富的程度，还能给其他国家以一种很强的获益预期，即它们预期到参与亚洲基础设施投资银行之后能够获益。新创建的平行制度的治理能力的提升，会对既有国际制度改革产生影响。比如亚洲基础设施投资银行治理能力提升的标志性事件就是它的信用评级变成 AAA，从而直接影响到亚洲基础设施投资银行的融资能力。治理能力提升有助于增强在新制度中影响力较大的国家在既有国际制度改革中讨价还价的权力，从而有助于推动既有的国际制度改革，比如 IMF 和世界银行的改革。

国际制度间竞争的时间维度

宋亦明[*]

作为国际社会不容忽视的行为主体和全球治理领域重要的变革性力量，国际制度不仅拓展了要素流动的时空边界、穿透了民族国家的主权壁垒、建立了互动交往的知识纽带，更是深刻地塑造着当前世界政治的基本样貌。国际制度不仅具有功能性和治理性的面向，也具有权力性和非中性的面向。正因如此，国际制度既被守成大国视为其霸权地位的重要护持，也被新兴大国视为其参与战略竞争的主要工具。

在此背景下，国际制度在具体议题领域呈现出交叠之势；在部分职能和功能上相互替代；在制度合法性、成员范围、规范倡导等方面也相互竞争。显然，国际制度竞争现已成为世界政治中的普遍现象和重要特征。在学理层面，针对国际制度间竞争展开的研究已经贡献了大量的智识洞见，未来该研究议程很可能仍将是国际制度范畴内最具突破性的研究领域之一。由此，本文初步检视国际制度间竞争的研究现状，在此基础上尝试探讨其在时间维度上可能出现的学术增量。

---

[*] 宋亦明，北京外国语大学国际关系学院讲师。

一 国际制度间竞争研究的知识谱系

自20世纪70年代被置于国际关系研究的核心视域起，国际制度研究至少历经了与其特定属性相关的五波研究浪潮，而最后的一个波次便与国际制度间竞争密切相关。具体而言：第一波为国际制度的有效性。作为国际制度研究第一个重要的议程与国际关系理论第三次大辩论的前沿，国际制度是否有效、为何有效以及是否像国家一样重要成为当时争论的焦点。第二波为国际制度的合法性。在国际制度有效性议程的基础上延伸出了对合法性的讨论，后者的议程聚焦于探讨国际制度合法性的表征、来源与影响，其中特别关注了主权国家参与、认可、批准等对国际制度合法性的塑造。第三波为国际制度的多样性。这一波研究主要借助理性设计、交易成本、规范等视角，阐释了国际制度具有不同的特征、进行不同选择进而呈现出多样性的机理。第四波为国际制度的自主性。在借鉴企业管理学与公共管理学中关于"委托与代理"经典智识的基础上，该议程探讨了作为代理者的国际制度与作为委托者的主权国家之间的互动，以及随之而来的代理懈怠、代理偏差和监管等问题。其五为国际制度的复杂性。该议程回应了国际制度碎片化的重要现象，刻画了特定议题领域内国际制度散乱交叠、缺乏协调、缺少秩序的图景，并且分析了这一图景的生成根源以及后续影响。

相似甚至全然相同的经验现象往往在不同学术语境下被多个概念所描述刻画。本杰明·福德（Benjamin Faude）等宣称"国际制度之间的竞争是制度复合体的系统性特征"，因此国际制度间竞争研究与制度复杂性研究高度重合甚至互为表里。[①] 国际制度间竞争研究主要集中于三个相互关联的具体领域：第一，贸易、货币、金融监管、发展融资等具体议题领域内国际制度间或特定国际制度内部围绕规则制定、投票份额、规范倡导等的具体竞争历史、现状及特点；第二，国际制度竞争背景下守成国或崛起国政府所做出的改革、转变、创建、退出等不同的制度战略选择及其背后的考量；第三，国际制度竞争对地区格局的塑造以及对国际秩序的影响。

除了制度复杂性研究外，还有大量的研究议程可以被归入广义上的国际制度

[①] Thomas Gehring and Benjamin Faude, "The Dynamics of Regime Complexes: Microfoundations and Systemic Effects," *Global Governance*, vol. 19, no. 1, 2013, p. 120.

间竞争研究的范畴。其一为"互竞的多边主义"(Contested Multilateralism)研究。朱丽娅·摩尔斯(Julia C. Morse)等最早提出了这一概念并分别刻画了由机制转换/机制创建与国家主导/制度主导交叉组合而得的四种制度竞争模式。[①] 其二为国际制度碎片化研究。该议程滥觞于国际法学,侧重于描述特定议题领域内国际制度数量的持续增加、议题边界的逐渐模糊和参与行为体的不断扩展。其三为"制度交叠"研究。该领域内的大量研究探讨了国际制度互动中所出现的"制度交叠"现象并将其作为国际制度间竞争的主要表征。另外,关于"制度拥塞""制度密度""制度扩散"等的讨论也为刻画分析国际制度间竞争提供了重要的补充。总之,围绕国际制度间竞争现象而展开的研究已经形成了繁复的概念矩阵,在此基础上更是构建起了恢宏的学术大厦。

二 在国际制度间竞争研究中"找回时间"

尽管当前国际制度间竞争研究取得了诸多明显的进展,但其研究议程方面仍存在诸多盲区,其中之一便是忽略了对国际制度间竞争的历时性考察。因此,当前国际制度间竞争研究在分析视角上大多呈现出了三方面的特征。其一,以国际制度间相互竞争的现状为关注焦点,尤其重视发掘和描述多个国际制度发挥近似的功能、争夺潜在的成员国、争取更多拨款和人员、替代对方所倡导的规范等具体的制度间竞争行为。其二,即便关注到了国际制度间关系的动态演进,但仍将国际制度形成竞争关系作为观察视域的边界。其三,明确或隐含地将已经形成的国际制度间竞争关系视作永续的和稳定的,而非暂时的和可变动的。就国际制度间竞争研究而言,固然放弃讨论其历时性、以静态视角开展研究的科学性和简约性能够成倍提升,但这在理解国际制度间互动、国际制度间关系变迁时其解释力自然会大打折扣。

面对这一不足,国际制度间竞争研究中已经形成了一股"找回时间"的风潮。

具体而言:第一,在研究综述上反思未纳入时间维度的国际制度间竞争研

[①] Julia C. Morse and Robert O. Keohane, "Contested Multilateralism," *Review of International Organization*, vol. 9, no. 4, 2014, pp. 385–412.

究。广义上的国际制度间竞争研究,特别是制度复杂性研究在过去近二十年的时间里的研究成果汗牛充栋,因而对该领域研究进行全面回顾、批判和反思就显得必要和紧迫。譬如,2022年《国际组织评论》(*The Review of International Organizations*)以专题特刊的形式检视了制度复杂性研究的进展和不足。其中梅特·埃尔斯特鲁普-桑乔瓦尼(Mette Eilstrup-Sangiovanni)等旗帜鲜明地疾呼该领域研究不应拘泥于制度复杂性的特征,更要关注其变化和差异。在他们看来,制度复合体"并非静态的,而是一个不断演进的系统"[①]。同样,广义上的国际制度间竞争也是动态的,在分析中亟须纳入历时性的维度。

第二,将国际制度生命周期的讨论边界拓展至国际制度间竞争的生命周期的范畴。让-弗雷德里克·莫林(Jean-Frédéric Morin)等在对制度复杂性的讨论中调整并发展出了一套生命周期理论,其理论同样能够很好地应用于理解国际制度间竞争的生命周期。他们在讨论国际制度间关系演化时指出,同一议题领域内的多个国际制度将分别历经原子化、相互竞争、专业分工、整合统一这四个阶段。[②] 如果以这四个阶段为一个生命周期,那么国际制度间的关系可能会循环往复、周而复始。相较于同一时期同领域内的研究,莫林等在其研究中颇具前瞻性地纳入时间维度,进而讨论了国际制度间关系的演进。其研究已经雄辩地指出国际制度间竞争并不是一个稳定的静态结构,而是会向其他状态演进变化。

第三,尝试构建国际制度间竞争的动力学框架。托马斯·格林(Thomas Gehring)等在对制度复合体的分析中最早讨论了动力学框架。其洞见之一在于指出国际制度间竞争虽然是制度复合体的核心特征,但无论是对由多个功能性国际制度还是监管性国际制度组成的制度复合体来说,其内部的国际制度间竞争关系会转向合作分工。[③] 在此基础上,兰德尔·亨宁(Randall Henning)等猜想国际制度间的竞争状态很可能并不稳定,制度彼此之间的竞争关系可能会转向合作分

---

① Mette Eilstrup-Sangiovanni and Oliver Westerwinter, "The Global Governance Complexity Cube: Varieties of Institutional Complexity in Global Governance," *Review of International Organizations*, vol. 17, no. 2, 2022, pp. 233–262.

② Jean-Frédéric Morin and Amandine Orsini, "Regime Complexity and Policy Coherency: Introducing a Co-adjustments Model," *Global Governance*, vol. 19, no. 1, 2013, pp. 41–51.

③ Thomas Gehring and Benjamin Faude, "The Dynamics of Regime Complexes: Microfoundations and Systemic Effects," *Global Governance*, vol. 19, no. 1, 2013, pp. 119–130.

工或等级排列。① 可以说，这些研究在分析中有意地纳入时间维度，进而明确地指出制度间竞争绝不是国际制度间关系的最终归宿。

总之，这股尝试"找回时间"的研究是对国际制度间竞争领域长期忽视历时性和时间维度讨论的反叛和回调。上述研究的可贵之处在于：一方面，仅以国际制度间竞争的现状为关注的起点，而研究的焦点和重心则在于国际制度间竞争的形成原因、演进过程、动力机制。换句话说，国际制度间竞争关系形成之前和之后的情形也已被纳入观察视域的边界内，而且往往被置于视域的中心。另一方面，在研究的假定上将已经形成的国际制度间竞争关系视作暂时的和可变动的，而非永续的和稳定的。得益于这两个方面，"找回时间"的国际制度间竞争研究能够很好地捕捉到国际制度间竞争关系形成和演变的现象以及其动力，这极大延展了国际制度间竞争研究的经验视域范围。更为重要的是，这在学理层面为建立探讨国际制度间竞合关系变迁的分析框架奠定了更坚实的基础。

三 国际制度间竞争研究的"时间转向"？

尽管已有研究在分析时尝试"找回时间"，但这一努力相较于蔚为大观的国际制度间竞争研究仍显单薄式微。值得进一步探讨的是，后续国际制度间竞争研究真正需要的是在具体议题分析上的"找回时间"还是在宏观研究议程上的"时间转向"。虽然对于这一问题尚无定论，但可以肯定的是未来国际制度间竞争研究需要在学术议程上重视如下四个方面。

一是重视与制度变迁的文献进行对话。无论是在比较政治还是在国际关系的学科范畴内，对于历史制度主义的讨论始终占据着重要的位置。其中，关于制度变迁的外在形式、内在动能、具体过程、前因后果等也引发了大量的关注和分析。可以说，出于回应制度变迁现象的需要，围绕其展开的各项研究无不基于动态的分析视角、无不纳入历时性的时间维度。然而遗憾的是，国际制度变迁研究与国际制度间竞争研究致力于讨论不同的问题，并未进行充分的学术对话，因而后者很少自发地承袭或借鉴前者进行分析的时间维度。对此，后续的国际制度间

---

① C. Randall Henning and Tyler Pratt, "Hierarchy and Differentiation in International Regime Complexes: A Theoretical Framework for Comparative Research," Working Paper, https://www.peio.me/wp-content/uploads/2020/01/PEIO13_paper_66.pdf.

竞争研究需要突破既有文献的樊篱，在与本领域文献大量对话之外还需要发掘制度变迁的智识积累，在与制度变迁文献对话的基础上去理解国际制度间竞争的历时性变化。

二是重视国际制度间关系从竞争状态向其他状态演进变化的现象并探讨其逻辑。如果说对特定国际制度消亡和僵化的讨论是一个以国际制度正常运转为时间锚点"向后看"的分析，那么对于国际制度间竞争的动力学及其生命周期的探讨同样是一个以国际制度间竞争状态为时间锚点"向后看"的探讨。相较于对国际制度间竞争其本身的研究，"国际制度间竞争之后"研究或许具有更广阔的议程空间。在这一领域有诸多亟待回应的问题：第一，国际制度间竞争究竟是否为稳定的常态结构，其稳定与否受到哪些因素的影响；第二，如果存有更稳定的结构，国际制度间竞争是否会逐渐演变为该结构，反之亦然；第三，在不同因素的作用下，上述演进过程将出现怎样的差异。虽然已有学者对此已经进行了初步的讨论，但该领域研究的大幕才徐徐拉开。

三是重视国际制度间竞争产生的动态过程并探讨其根源。如果说上述"国际制度间竞争之后"是一个重要的突破方向，那么"国际制度间竞争之前"同样是一个重要且广阔的突破方向。在这一方向同样有诸多亟待回应的问题：第一，国际制度间竞争何以产生，其产生更多是功能性因素所致还是政治性因素所致；第二，哪些国家会更多参与和推动国际制度间的竞争，哪些国家更少参与和推动国际制度间竞争，而这种多与少的频次又会受到哪些因素的影响；第三，国际官僚更乐见并试图推动国际制度间竞争，还是更希望避免和淡化国际制度间竞争。显然，"国际制度间竞争之前"研究同样是一座学术富矿。

四是重视非大国的国际制度间竞争变化。作为原创而非舶来的概念，国际制度竞争以及由此展开的研究议程承袭了中国国际关系学界对大国崛起与秩序变革的绝对关注，尤为重视发掘并阐释国际制度竞争对国家权力、利益与秩序的影响。[①] 当前国内的国际制度间竞争研究主要囿于"中国—美国""崛起国—守成国""新兴大国—霸权国""领导国—权力转移"的学术语境下，并未充分发掘一般意义上的主权国家参与国际制度竞争的基本逻辑。需要承认，大国既是全球治理中"声势显赫的行为体"（High-Status Actors），其利益也多元复杂，因而容

---

① 李巍：《制度之战：战略竞争时代的中美关系》，北京：社会科学文献出版社 2017 年版；李巍、罗仪馥：《从规则到秩序——国际制度竞争的逻辑》，《世界经济与政治》2019 年第 4 期，第 28—57 页。

易引发值得关注的政治纷争,所以在"大国语境"下探讨国际制度间竞争理所应当。即便如此,"非大国"不仅在主权国家体系中的数量更多,其推动和参与国际制度间竞争的规律更远未得到揭示。所以相较于在"大国语境"下探讨国际制度间竞争的历时性变动,在"非大国语境"下探讨国际制度间竞争的历时性变动或许更容易产生学术增量,也更应受到重视。

全球政治的时间维度与大国竞争的动态演化[*]

曹德军[**]

【内容提要】 万物皆流,时间构成了全球政治的基本维度。全球政治的时间性变量,具有主观与客观交织、结构与能动叠加的特点。回到时间尺度上理解全球政治,要认识到历史进程的螺旋式上升,社会发展的波浪式前进。在结构与能动者的相互塑造过程中,全球政治的时间性在宏观、中观与微观三个层面上依次展开。在宏观层面上,国际体系转型彰显出大国权力竞争下的全球政治周期性演进规律。一方面,大国兴衰的长周期与战后国际秩序缔造密切相关,全球政治经济发展具有"历史钟摆效应"。另一方面,国际体系的路径依赖存在不同的时序差异,重大关键节点的发展轨迹充满不确定性。在中观层面上,大国间博弈的跨期选择受崛起国与霸权国的时间视野约束。在权力转移背景下,霸权国与崛起国对风险收益的主观理解差异会引发竞争策略分化。在微观层面上,外交决策与国际谈判在内外因素推进下呈现加速、延迟、偏转、断裂与延续的节奏变化。在时机"成熟"之际,博弈双方都想摆脱对峙状态,主动捕捉化解危机的机会窗口,并因此拥有谈判的"时机"优势。从实践互动角度理解全球时间,

---

[*] 本文为国家社会科学基金重大项目"新时代中国特色大国外交能力建设研究"(项目编号:19ZDA135)的阶段性成果。感谢《世界政治研究》匿名审稿专家的建设性意见,笔者文责自负。
[**] 曹德军,中国人民大学国际关系学院副教授。

有助于超越线性时间与循环时间的二元划分，从历史演化视角审视全球政治的复杂动态图景。

【关键词】 全球政治　霸权兴衰　时间视野　机会窗口　战略节奏

时间延绵犹如海水冲刷堤岸，塑造出全球政治的基本格局。万物皆流（all things flow），全球政治的时间变量是一种主观与客观交织、结构与能动叠加的要素，主观的社会时间与客观的物理时间共同调节全球政治的过去、现在与将来之间的关联。长期以来，时间因素从未缺席国际关系理论分析，然而大部分时间逻辑都被隐藏而非公开于国际关系理论的核心假设中。[1]对人文社会科学而言，时间不仅仅是机械的自然时间，而是人类社会实践的动态过程，指向的是个人之间、国家之间、国际组织之间的各种社会关系。[2]纷繁的全球政治在延绵的时间流逝进程之中，有些轨迹呈现线性特征，运动规律、有序与可预测；而有些则呈现非线性特征，运动不规则、无序与不可预测。[3]将时间变量带回国际关系研究，就是要避免将国际政治空间化与静态化，通过捕捉时间的演化进程，超越传统的"快照式"研究与"静态式"线性思维。[4]

---

[1] 近年来国内学界已经开始关注世界政治中的时间性，《世界政治研究》曾刊发"重新发现世界政治的时间维度"系列论文专题。参见唐世平《时空与社会科学理论》，《世界政治研究》2023年第一辑，第1—5页；卢春龙《政治学研究的时空动力学》，《世界政治研究》2023年第一辑，第5—10页；郦菁《时间危机与社会科学的实验》，《世界政治研究》2023年第一辑，第10—13页；田野《国际政治中的报酬递减与报酬递增》，《世界政治研究》2023年第一辑，第14—20页；漆海霞《时间长短、反应速度与国际冲突》，《世界政治研究》2023年第一辑，第20—24页；黄宇兴《"中时段"权力转移与意识形态》，《世界政治研究》2023年第一辑，第24—29页；叶成城《世界政治中的时间性与因果机制》，《世界政治研究》2023年第一辑，第29—34页；莫盛凯《伯罗奔尼撒战争与斯巴达和雅典战略规划中的时间缺失》，《世界政治研究》2023年第一辑，第34—41页；刘露馨《国家优先还是市场优先？美国产业发展中的次序问题》，《世界政治研究》2023年第一辑，第41—46页；陈兆源《时间范围与国际投资合作中的耐心资本》，《世界政治研究》2023年第一辑，第46—51页。

[2] 袁伟华：《时间与空间：新型国际关系中的时空观》，《世界经济与政治》2016年第3期，第26—43页；金新、黄凤志：《国际关系理论研究的"空间转向"刍议》，《教学与研究》2013年第7期，第92—99页。

[3] Wilhelm von Humboldt, "On the Historian's Task," *History and Theory*, vol. 6, no. 1, 1967, pp. 57–71.

[4] 关于国际政治的动态时间研究，参见Elizabeth F. Cohen, *The Political Value of Time: Citizenship, Duration, and Democratic Justice*, Cambridge, UK.: Cambridge University Press, 2018; David M. Edelstein, *Over the Horizon: Time, Uncertainty, and the Rise of Great Powers*, Ithaca, N.Y.: Cornell University Press, 2017; Andrew R Hom, "Timing is Everything: Toward a Better Understanding of Time and International Politics," *International Studies Quarterly*, vol. 62, no. 1, 2018, pp. 69–79。

在全球化时代，跨界国际联系和贸易网络扩展，正潜移默化地改变着全球政治的时间感知。在过去两个世纪里，全球政治呈现出显著的"时空压缩"效应。① 全球相互依赖的网络化互动产生了意想不到的外溢效应，触发全球政治发展轨迹的复杂波动。近年来，随着国际金融危机、新冠疫情、地缘冲突与大国竞争加剧，所谓的"黑天鹅""灰犀牛"等意外事件层出不穷，人们开始思考全球政治的变动性与时间性。在结构与能动者的相互塑造过程中，全球政治的时间性在不同层面上依次展开。本文认为，全球政治的时间维度在宏观、中观与微观层面存在不同的运行逻辑。在宏观层面上，大国兴衰的长周期轨迹具有钟摆效应与不确定性特征；在中观层次上，权力转移竞争受时间视野塑造，霸权国与崛起国在跨期选择中的战略关注点存在差异；在微观层面上，外交决策与国际谈判在内外因素推进下呈现加速、延迟、偏转、断裂与延续的节奏变化。理解全球政治的多层次时间逻辑，揭示时间变量在国际体系、国家间政治与外交决策领域的运作逻辑，有助于全面展示大国竞争的复杂图景。

一 审视全球政治的时间性：从静态研究到动态分析

"时间性"一词来自拉丁语"tempus"（时间），本意是人类社会的周转。在全球政治研究中引入"时间"和"时间性"概念，就是要回到时间尺度上理解全球政治，洞察大国竞争的螺旋式动态，把握政治发展的波浪式演进逻辑。自"行为主义革命"以来，国际关系主流理论致力于追求普适宏大的社会规律，对因果关系的时间情境变化关注不足，难以揭示多层动态的全球政治进程。为避免静态化与横向化的截断分离思维，在过去的二三十年里社会科学领域出现了所谓的"时间转向"②，强调关注全球政治的实践进程本身。实践性时间观认为，时间变量将不同实践要素串联起来，塑造延绵的秩序感知。全球政治的时间哲学基础是多维的，大国竞争受不同时间观念塑造，嵌入在全球体系、国际关系与外交决策的不同实践之中。

---

① David Harvey, *The Condition of Postmodernity*, Oxford: Blackwell, 1989, p. 2.
② Nick Vaughan-Williams, "International Relations and the 'Problem of History'," *Millennium*, vol. 34, no. 1, 2005, pp. 115 – 136; Christopher Mcintosh, "Theory Across Time: The Privileging of Time-less Theory in International Relations," *International Theory*, vol. 7, no. 3, 2015, pp. 466 – 773.

(一) 三种时间哲学的学理论争

在西方哲学传统中,关于时间的辩论集中在如何理解"时间箭头"的内涵,即如何理解过去、当下与将来之间的排列关系。如果这些关系是依次出现则是一直向前的线性时间观;如果时间周期性地回归流逝的起点,那么就是一种循环时间观。线性时间观把时间看成是均匀可分的,甚至将时间与空间相互转化。这种抽象的时间观并没有真实地反映时间流逝的主观经验。作为人类理性化与现代化的产物,对时间的机械化理解遭遇传统与后现代时间观的共同批评。例如,法国哲学家亨利·柏格森认为心理时间是一种绵延(duration),时间意识持续流动,不能被切割成分散的片段。① 著名物理学家史蒂芬·霍金(Stephen W. Hawking)认为自然界存在三种时间之箭:(1)热力学的时间之箭,在其方向上无序增加;(2)心理学的时间之箭,在记得过去但不记得未来的事实中连贯一致;(3)宇宙学的时间之箭,由宇宙膨胀与收缩的方向定义。② 上述论争均表明,时间维度具有多元面向。

一方面,线性时间观与循环时间观的叙事结构不同。线性时间观主要受两大知识来源的影响。第一个知识来源是基督教历史学的兴起。它借鉴了犹太—基督教传统中对时间性的目的论表述,将历史解释为一连串以线性方式展开的事件。与之不同的是,循环时间观是一种更古老的时间观,反映着自然时间的重复更替。传统农业社会的生活实践具有显著的周期性。人们所观察到诸多类似季节潮汐、岁月枯荣、日升月落与生长衰亡的旋转循环规律。在古代社会中,"周期性"的历史时间被理解为一个轮子,其旋转象征着历史的循环性,以无休止的重复模式上演。③

另一方面,全球政治的时间观源自地方知识,不同地域的人们会以不同方式构思时间。时间到底是一连串均匀的离散运动片段,还是一种社会建构的意义周期,不同的文明进程有不同看法。近现代以来,欧洲中心的历史叙事采用线性时

---

① 吴国盛:《时间的观念》,北京:中国社会科学出版社1996年版,第140页。
② Stephen W. Hawking, *A Brief History of Time*, London: Bantam Books, 1991, p.141.
③ 参见 Ralph Mark Rosen, ed., *Time and Temporality in the Ancient World*, Philadelphia, PA.: University of Pennsylvania Museum of Archaeology of Anthropology, 2004。

间逻辑，将欧洲视角与价值向全球推广，掩盖了跨共同体的时间多元性。① 实际上，随着社会文化背景的变化，时间成为社会建构的产物。例如，古代中国将"时"看作是"质的绵延""注重做某件事要讲究时机与机遇"②。此外，古代印度文明秉持的倒退循环的时间观念。受印度宗教与哲学观念影响，南亚土地上的大多数居民都理所当然地认为：一切历史都在轮回。同样，克利福德·格尔茨（Clifford Geertz）通过对巴厘岛文化的研究发现，存在一种与西方日历不同的去时间化意识，时间建构在特定社会文化背景中，呈现出多元时间感。③

当然，时间观念的二分法是有内在缺陷的，客观线性时间的存在并没有完全抹杀地方经验的、依赖环境的时间意识，全球政治的时间感由具体实践体验塑造。④ 埃利奥特·雅克（Elliott Jaques）在《时间的形式》一书中深刻阐述了时间社会的两个维度：继承的时间轴，涉及原子世界运动的结构、流动和生成关系；意图的时间轴，即人们陈述当前目标和意图的维度。⑤ 作者用两个时间维度，即意向轴和继承轴，为生活世界构建了一个多维框架。针对线性与循环、客观与主观的时间哲学二分法，有学者主张超越这种二元对立。引入实践视角下的时间观，可以既关注行动者的能动性，也尊重社会结构的塑造约束。作为第三种时间观，实践导向的时间观念可以调和客观线性时间的数量与主观循环时间的质量（参见表1）。⑥

表1　　　　　　　　　　　　三种时间观的逻辑差异

	客观时间	主观时间	实践性时间
时间认知	时间独立于人类行动，具有外生、绝对、同质与线性特点	时间内嵌于人类行为的社会化建构过程，具有文化相对性	时间源自人类行动在过去与当下的社会构成，社会实践的动态性兼具时间数量与质量

---

① 参见汪晖《世纪的诞生：中国革命与政治的逻辑》，北京：生活·读书·新知三联书店2020年版。
② 吴国盛：《时间的观念》，第96页。
③ Clifford Geertz, "Person, Time and Conduct in Bali," in Clifford Geertz, ed., *The Interpretation of Cultures*, New York: Basic Books, 1973, pp. 360–411.
④ Maurice Bloch, "The Past and the Present in the Present," *Man*, New Series, vol. 12, no. 2, 1977, pp. 278–292.
⑤ Elliott Jaques, *The Form of Time*, London: Crane Russak & Co., 1982, p. xi.
⑥ 参见郑作彧《社会的时间：形成、变迁与问题》，北京：社会科学文献出版社2018年版。

续表

	客观时间	主观时间	实践性时间
时间体验	通过标准化的计量系统（时钟与日历）来约束与限制行为，关注时间数量	通过主观理解体验有意义的时间，强调时间文化与仪式等，关注时间质量	通过反复实践生产出时间性结构，分别受到行动者与结构塑造，关注时间互动
行动者角色	行动者难以改变时间，只能调整自己的行为以适应时间规律	行动者决定对时间的意义阐释，主观描述自己的时间体验	行动者具有结构约束下的能动性，在具体情境下反复行动强化或修正时间结构

综合而言，任何全球政治的实践活动都是一种时间化的行为，不同社会情境中的时间计算依据的是不同的参考框架。由此，全球政治的时间结构既塑造人类行动，又被其塑造，具有鲜明的社会实践特点。这种观点强调行动者的能动性作用，同时也关注社会结构的约束作用。事实上，大量全球政治的时间叙事本身源自历史实践总结，例如"1648年威斯特伐利亚体系""全球1989巨变""二十年危机""全球大萧条""9·11"事件等事件标记着全球政治的分水岭，混合着国际实践过程中的观念、物质、经验与时间生成。① 全球政治存在一种无法完全捕捉的时间动态，凸显不确定性和偶然性因素对全球政治的影响。

（二）既有国际关系研究的缺失

在全球化背景下，国际关系理论更加关注多层次互动的时间进程。一方面，全球政治的时间性研究表明，时间观念源于不同世界行动者的多样体验与多重意义感知。② 安德鲁·霍姆（Andrew Hom）在《国际关系与时间问题》（International Relations and the Problem of Time）中强调时间是"一种理念和实践的综合，是建立事件、过程与行动者之间关系的基本手段"③。时间安排与权力密切地纠缠在一起，实践互动会决定时间变化的方向与意义，从而塑造社会变迁的时间顺序与主导话语。国际政治的"时间性"是时间观念与权力观念相互竞争、相互

---

① 参见 Kevin K. Birth, *Objects of Time: How Things Shape Temporality, Culture, Mind and Society*, Basingstoke: Palgrave Macmillan, 2012。

② Andrew Hom, "Hegemonic Metronome: The Ascendancy of Western Standard Time," *Review of International Studies*, vol. 36, no. 4, 2010, pp. 1145–1170; Ty Solomon, "Time and Subjectivity in World Politics," *International Studies Quarterly*, vol. 58, no. 4, 2013, pp. 671–681.

③ Andrew Hom, *International Relations and the Problem of Time*, Oxford: Oxford University Press, 2020, p. 35.

建构的过程，时间实践会直接塑造大国竞争的发展轨迹与路径选择。另一方面，时间变量展示出国际互动的多元性、差异性、偶然性和不确定性。例如，金伯利·哈钦斯（Kimberly Hutchings）的著作《时间与世界政治》（*Time and World Politics*）、安娜·阿加桑格鲁（Anna Agathangelou）与凯尔·基里亚（Kyle Killian）共同编辑的文集《国际关系中的时间、时间性和暴力》（*Time, Temporality and Violence in International Relations*）、拉胡尔·拉奥（Rahul Rao）的《时间之外：后殖民性的同性恋政治》（*Out of Time: The Queer Politics of Postcoloniality*）以及由安德鲁·霍姆等人编辑的《时间、时间性和国际政治》（*Time, Temporality and Global Politics*），都深入探讨了国际政治的时间维度。

时间改变了现代人们看待世界政治的方式，并潜移默化地影响着国际政治的行动方式。为了让时间性在国际关系中占据重要地位，蒂莫西·布特（Timothy Buthe）发出"认真对待时间性"的呼吁。① 主流国际关系理论关注无政府状态的空间变量，但也暗含着不同的时间观竞争。

第一，循环性时间观否定时间单向度轨迹，现实主义受其影响明显。在国际关系理论中，现实主义者通常秉持一种周期性的时间观，认为大国兴衰是"周而复始"的。② 权力转移不仅是物质力量的转移，也是一种动态循环的平衡的积累。新现实主义者将国际关系视为"连续性和重复性"的有序连续体，历史会不断重复。③ 著名大战略学者保罗·肯尼迪（Paul Kennedy）的大国"兴衰周期"论④、莫德尔斯基的长期周期理论、沃勒斯坦与弗兰克的世界体系理论，以及罗伯特·吉尔平的大国兴衰分析，多少都暗含权力转移的周期性循环。⑤

第二，线性时间观将历史解释为单线事件，强调面向未来的进步。在国际关系理论中，自由主义和建构主义受时间进步论的影响，认为国际体系可以向前向

---

① Timothy Buthe, "Taking Temporality Seriously: Modeling History and the Use of Narratives as Evidence," *American Political Science Review*, vol. 96, no. 3, 2002, pp. 481–494.

② Martin Wight, "Why is There No International Theory?" *International Relations*, vol. 2, no. 1, 1960, p. 26.

③ Kenneth N. Waltz, "The Spread of Nuclear Weapons: More May Be Better: Introduction," *Adelphi Papers*, vol. 21, no. 171, 1981, p. 1.

④ 保罗·肯尼迪：《大国的兴衰：1500—2000年的经济变迁与军事冲突》，陈景彪等译，北京：国际文化出版公司2006年版。

⑤ George Modelski, *Long Cycles in World Politics*, Seatle: University of Washington Press, 1987; 罗伯特·吉尔平：《世界政治中的战争与变革》，宋新宁、杜建平译，上海：上海人民出版社2007年版。

善地线性进化。其中自由主义将人的自由发展看作是不可避免与不可逆的；国际合作最终会孕育全球世界。① 自由主义的国际关系理论持有更为线性的总体进步观，基于利益和谐、进步思想，或对民主政体、资本主义和国际机制的"康德三角"将产生永久和平。② 制度合作与"一体化"功能主义，均认为随着时间推移制度会提高双方合作的效率，绝对收益为新自由主义者提供了"时间进步愿景"，促成无政府状态下的合作。此外，英国学派的代表性作品都具有长时段的历史感，将静态的实体和变量视为过程性的和意识形态产物。国际体系不是来自功能主义的人为设计安排，而是在历史互动中不断发展的、由共同理解的规则、规范和相互期望组成的社会实践结构。③

第三，实践理论致力于突破二元时间框架，关注国际实践的复杂动态特质。在实践进程中调和无政府状态下的行动者—结构互动，回归社会生活的流动和偶然特性。④ 国际实践理论是一种更开放与动态的时间观，将历史特殊性置于跨维度的时间光谱之上。⑤ 国际实践研究借鉴布迪厄的"惯习"和话语实践概念，强调行动者在时间流逝中根据过去经验从当前的情境中提取出"模式化见解"。正如德里希·克拉托赫维尔（Friedrich Kratochwil）等人对"实践推理"的关注，也强调实践行动的时间维度。⑥

尽管现有国际关系研究文献揭示了全球政治线性时间、循环时间与实践性时间维度差异，但没有分析时间逻辑的运作层次。在国际体系、国家互动与领导人决策的不同层面，时间变量发挥着不同的约束功能。宏观层次的全球政治时间塑

---

① Kimberly Hutchings, *Time and World Politics: Thinking the Present*, Manchester: Manchester University Press, 2008, p. 13.
② Jennifer Sterling-Folker, "The Future from Inside the Liberal World Order," in Ken Booth and Toni Erskine, eds., *International Relations Theory Today* (2nd ed.), Cambridge, UK.: Polity Press, 2016, p. 255.
③ Andrew Hurrell, "Foreword," in Hedley Bull, ed., *The Anarchical Society: A Study of Order in World Politics* (3rd ed.), New York: Columbia University Press, 2002, pp. vii – xxvii.
④ Alexander Wendt, "Why a World State Is Inevitable," *European Journal of International Relations*, vol. 9, no. 4, 2003, pp. 491 – 542.
⑤ Friedrich Kratochwil, "Of Systems, Boundaries, and Territoriality: An Inquiry into the Formation of the State System," *World Politics*, vol. 39, no. 1, 1986, pp. 27 – 52; Alexander Wendt, "Anarchy Is What States Make of It: The Social Construction of Power Politics," *International Organization*, vol. 46, no. 2, 1992, pp. 391 – 425.
⑥ Nicholas Greenwood Onuf, *World of Our Making: Rules and Rule in Social Theory and International Relations*, Columbia, South Carolina: University of South Carolina Press, 1989; Friedrich V. Kratochwil, *Rules, Norms, and Decisions: On the Conditions of Practical and Legal Reasoning in International Relations and Domestic Affairs*, Cambridge, UK.: Cambridge University Press, 1989.

造的是长周期的霸权转移与国际秩序转型，中观层面的全球政治时间约束着大国对权力竞争风险与收益的时间视野认知，微观层面的领导人决策则涉及其内心世界的时间感知与权衡，国际谈判的时机窗口如何把握时常因人而异。鉴于时间维度在多个实践层次上运作展开，下文将分别探究全球政治的时间变量及其多层次效力。

二　宏观层面的全球政治时间：霸权周期与国际秩序转型

从宏观的大历史视角来看，国际秩序的转型与重构具有显著的周期特性。威斯特伐利亚体系建立后，在400多年的大国兴衰历史上，这种争夺权力的斗争构成了霸权交替的长周期。在大国竞争的长周期中，每一次大战后都会产生获胜的霸权国，占统治地位的大国们协调制定国际规则、供给全球政治与经济公共产品。随着霸权国的合法性基础与实力相对衰落，国际秩序又开始陷入新一轮动荡阶段。在全球政治的关键节点，新兴强国获得了塑造国际秩序的特殊机会，但关于大战之后的国际秩序安排则存在多重路径可供选择，事件发生的先后序列会使国际秩序重构进入不同的路径依赖状态，构成大国兴衰与国际秩序转型的螺旋式运动。例如，16世纪的葡萄牙、17世纪的荷兰、18世纪与19世纪的英国、20世纪的美国，所有这些大国都在追求全球霸权地位与荣耀。当霸权合法性受到挑战，那么国际秩序就会进入新一轮调整周期。

（一）全球体系的周期性"钟摆效应"

长期以来，线性时间观下的政治社会科学家为了发现基本规律，忽视政治过程和机制的历史复杂性，而是在分解的世界里寻找一张"政治周期表"[①]。为了探究国际政治周期的经济基础，学术界对经济周期有诸多不同描述，如持续时间非常长的"康德拉季耶夫周期"强调重大科技创新，周期时间一般为50—60年；以约瑟夫·基钦的名字命名的"基钦周期"的周期时长为40个月，受大宗

---

① Donatella della Porta and Michael Keating, "Introduction," in Donatella della Porta and Michael Keating, eds., *Approaches and Methodologies in the Social Sciences*, New York: Cambridge University Press, 2008, pp.3-5.

商品和库存驱动；克莱门特·朱格拉提出的"朱格拉周期"用来预测资本投资，为期7—11年；西蒙·库兹涅茨提出的"库兹涅茨周期"则旨在预测收入，为期15—25年。从长周期上看，霸权国的沉浮与秩序重构阶段基本是相互吻合的。乔治·莫德尔斯基（George Modelski）的长周期理论认为，国际关系的演变模式是"循环的"，世界领导者主导的国际体系的周期为100—120年。国际关系长周期发展往往会经历四个阶段，即全球性战争阶段、世界性强国出现阶段、合法性丧失阶段和权力分散阶段。①

第一，时间力量驱动资本主义经济呈现周期性的起伏变化。在过去的200多年时间里，世界经济周期的动态演变是不变的基本特征。商业周期可能叠加为经济海啸，诸多波浪交叉冲刷全球政治的基底框架。数百年全球经济经历周期性动荡、危机、衰退与复苏的循环往复。② 古典经济学家常常将历史视为单线轨迹，但全球政治进程存在诸多意料之外的冲击波动和曲折轨迹，呈现出动态非线性特征。③ 在一个多周期的世界中，经济发展的总体情况不是统一的上升曲线，每条曲线都有自己的特殊形状。约瑟夫·熊彼特在《商业周期》一书中对资本主义周期变化进行了时间机制解读。他在序言中写道："周期，不是像扁桃体一样，是可以单独处理的东西；而是像心脏的跳动一样，是显示它们的有机体的本质。"④ 在这里熊彼特试图将历史上的商业繁荣和萧条模式纳入可预测的长波段模型。经济史上的一个康德拉季耶夫周期（50—60年）有6个朱格拉尔周期（8—10年），一个朱格拉尔周期有3个基钦周期（40个月），这些著名商业周期理论致力于解释为何繁荣和萧条模式会在如此确定的时间间隔内发生。

第二，全球市场并非理性设计的产物，而是偶然实践产物。基于时间的全球市场周期分析，将市场视为一个间断均衡的演化过程，只有不断变化的经济

---

① 参见 George Modelski, *Long Cycles in World Politics*, Washington, D. C.: University of Washington Press, 1987。

② 参见约瑟夫·熊彼特《经济周期循环论：对利润、资本、信贷、利息以及经济周期的探究》，叶华编译，北京：中国长安出版社2009年版；朱海就《市场的本质：人类行为的视角与方法》，上海：格致出版社、上海人民出版社2009年版。

③ Karl Polanyi, *The Great Transformation: The Political and Economic Origins of Our Time*, Boston: Beacon Press, 1944, p. 33.

④ Joseph A. Schumpeter, *Business Cycles: A Theoretical, Historical, and Statistical Analysis of the Capitalist Process*, New York: McGraw Hill, 1939, pp. 2 – 5.

才能创造未来的机会。熊彼特与奥地利学派都将市场视为动态过程，即市场可能会趋于平衡，但永远不会达到这种状态，因为人类行为会随着时间推移而变化且不确定性无法消除。① 在时间不确定与未知条件下，社会发展轨迹呈现出与"均衡状态"不同的曲线发展特征。美籍奥地利经济学家约瑟夫·熊彼特关于技术创新的演进分析强调非线性的时间特征，即微观层面的行为体竞争、制度扩散和结构化，以及宏观层面的增量发展、长周期波动和贸易网络以非线性方式发展。早在"二战"期间，卡尔·波兰尼（Karl Polanyi）就指出人类历史发展轨迹存在"钟摆式"运动。② 他深刻地指出，市场化与社会运动就像钟摆一样地来回摆动，最终在长远轨迹上形成一种波浪式起伏的节奏。随着2008年国际金融危机、2020年新冠疫情、2022年乌克兰危机的突然爆发，世界结构失衡出现了波兰尼所预言的"钟摆效应"即自由化、市场化、全球化开始出现反向运动，社会保护、国家干预、反全球化、民粹主义浪潮逆势而起。

第三，国际秩序重构与全球政治运行周期变化密不可分。国际秩序包括其基本规则、原则和制度，这些安排确定了国家之间的关系和对它们持续互动的相互期望。③ 从长历史周期上看，国际秩序是历史冲击和转折点出现的演进式产物。如1815年后的维也纳国际秩序持续了近一个世纪，1919年后的"凡尔赛—华盛顿"体系则昙花一现。而"二战"后由美国主导的自由主义秩序在经济、政治和安全领域实现了全球化。安德鲁·霍姆在《霸权节拍：西方标准时间和领土国家主权的支配》一文中认为，全球政治的主权制度与全球化标准时间，随着西欧、北美的大国霸权推广至全世界。④ 历史上，国际秩序大多建立于战后全球政治博弈的情境之下。第一次世界大战后，美国与欧洲列强获得了世界大国地位，威尔逊总统在战后带来了雄心勃勃的"十四点计划"，该方案设想了一个由民主国家组成的世界性组织——国际联盟。尽管经历挫折，"二战"后联合国的创设理念继承了国际联盟方案，对威尔逊理想蓝图的

---

① Pedro Bento, "Competition as a Discovery Procedure: Schumpeter Meets Hayek in a Model of Innovation," *American Economic Journal: Macroeconomics*, vol. 6, no. 3, 2014, pp. 124–152.

② 参见 Karl Polanyi, *The Great Transformation: The Political and Economic Origins of Our Time*, Boston: Beacon Press, 1957 [1944].

③ Robert Jervis, *Systems Effects: Complexity in Political and Social Life*, Princeton, NJ: Princeton University Press, 1997, p. 95.

④ Andrew R. Hom, "Hegemonic Metronome: The Ascendancy of Western Standard Time," *Review of International Studies*, vol. 36, no. 4, 2010, pp. 1145–1170.

渐进改良；布雷顿森林体系也是对"二战"前欧洲协调经验的总结与制度推广。① 大战胜利之后，美国推动建立的联合国、世界贸易体系、世界银行与国际货币基金组织，为战后国际秩序奠定了骨架性的基本结构，也支撑起了美国的霸权合法性。

（二）时间序列与全球政治"关键节点"

人类历史上的时间如潮水般起起落落，重大政治历史均以时间为标记。例如，"两次世界大战""冷战时期"与"工业革命"等时间概念，往往是历史分期的重要参照点。全球政治的关键节点与时间序列相关，因为不同事件在时间轴上的位置会影响或锁定随后事件的意义。从时间维度上看，路径依赖（path dependence）是一个从开放包容的多元环境，不断收缩行动范围限制的结构化过程，包含"自我强化序列"（self-reinforcing sequence）与"反应序列"（reactive sequence）两种时间模式。② "自我强化序列"是指事件的自我再生产与自我维持惯性。在历史进程中的某个时刻，一次偶然性选择可能产生自我强化的惯性。③ "反应性序列"是指每个事件都是对先发事件的反应，在排序上形成事件链条。④ 当两个独立的事件在某个"时间交会点"发生相互作用，那么原先各自的因果链条就被打破了，产生新的时间序列。⑤ 全球政治的发展轨迹也被不同时间序列塑造，历史充满看似必然的偶然。

第一，全球政治的偶然事件可以诱发"自我强化序列"。历史上的偶然事件（小概率事件）之所以会对重大事件的发展路径产生"锁定"约束，是因为存在

---

① 参见 Armand van Dormel, *Bretton Woods: Birth of a Monetary System*, New York: Holmes and Meier, 1978。

② James Mahoney, "Path Dependence in Historical Sociology," *Theory and Society*, vol. 29, no. 4, 2000, pp. 507 – 548.

③ 例如 QWERTY 打字机键盘设计比另一种 Dvorak 键盘设计更受市场欢迎，即使前者的效率其实更低，但 QWERTY 键盘已经积累了早期的优势，如果进行大面积更换则需要付出昂贵的沉没成本。因此，路径依赖逆向淘汰了更有效的 Dvorak 键盘格式。参见 Paul A. David, "Clio and the Economics of QWERTY," *American Economic Review*, vol. 75, no. 2, 1985, pp. 332 – 337; Sheri Bernan, "Path Dependency and Political Action: Reexamining Responses to the Depression," *Comparative Politics*, vol. 30, no. 4, 1998, pp. 379 – 400。

④ Andrew Abbott, "Sequences of Social Events: Concepts and Methods for the Analysis of Order in Social Processes," *Historical Methods*, vol. 16, no. 4, 1983, pp. 129 – 147.

⑤ James Mahoney and Daniel Schensul, "Historical Context and Path Dependence," in Robert E. Goodin and Charles Tilly, eds., *The Oxford Handbook of Contextual Political Analysis*, New York: Oxford University Press, 2008, pp. 454 – 460.

一个报酬递增的正反馈效应,即沿着同一路径行动的相对收益随着时间推移而递增。① 例如,英国工业革命的结果就是一种路径依赖过程,因为英国迈向现代工业主义的突破并不存在任何不可避免的因素。② 相反,18 世纪英国发生的一些小事件,碰巧一起发生了。工业革命起源于 1712 年托马斯·纽科门(Thomas Newcomen)偶然发明的第一台蒸汽机。虽然纽科门的发明是一个笨重、嘈杂的设备,但使后来更先进的蒸汽机的创造成为可能,极大地改善了煤炭的开采,降低了煤炭的价格。反过来,廉价的煤使廉价的铁和钢成为可能。廉价的煤加上廉价的铁,使建造以铁为原料、以煤为燃料、以蒸汽发动机为动力的铁路和船舶成为可能。铁路和轮船使金属工具、纺织品和其他产品的大规模国内和国际分销成为可能,因此,导致工业革命的路径依赖事件其实都缘起于第一台蒸汽机的偶然出现。然而,蒸汽机的发明本意并非是为了引发一场工业革命,因此结果是始料未及的。

第二,全球政治在"反应性序列"中产生积极的反馈循环。关键节点的偶然性强调了一个事实,即在关键节点可能发生的事情范围非常广阔。"约束"和"诱导"是路径依赖的两个矛盾特征,它一方面阻止了行为者发起广泛偏离现有路径的创新和变革;但是当巨大的冲击发生时,又会诱导行动者创造出一条新的路径,新旧交替。宏观历史进程中的关键时刻(例如柏林墙倒塌、全球金融危机)也是全球政治的分水岭(watershed),其中的偶然事件可以引发既有轨迹发生"断裂"。伊曼纽尔·沃勒斯坦(Immanuel Wallerstein)在《现代世界体系 I》中认为,"在 15 世纪,欧洲和中国在某些基点上没有任何明显的区别",两个地区都是资本主义发展的可行地点。③ 根据他的分析,历史轨迹最终"选择"欧洲而不是中国作为资本主义的发源地是一个偶然的结果,从长远来看它可能不是世界体系的最有效结果。欧洲资本主义体系需要领土扩张以确保其生存,而这种领土扩张在 1450 年至 1640 年期间反过来加强了世界资本主义体系。当资本主义世界经济在 17 世纪的欧洲得到巩固时,中国则被远远落在后面,被"锁定"在世界经济体系的边缘地带。总之,"关键节点"的微小差异可以对整个世界体

---

① Paul Pierson, "Increasing Returns, Path Dependence, and the Study of Politics," *The American Political Science Review*, vol. 94, no. 2, 2000, p. 263.

② Jack A. Goldstone, "Toward a Fourth Generation of Revolutionary Theory," *Annual Review of Political Science*, vol. 4, 2001, pp. 139–187.

③ Immanuel Wallerstein, *The Modern World System* I: *Capitalist Agriculture and the Origins of the European World-Economy in the Sixteenth Century*, New York: Academic Press, 1974, p. 62.

系后来的发展轨迹产生极大影响。

第三，在全球政治的关键节点，国际秩序建构存在多元路径。国际危机让重建国际秩序的机会之窗瞬间打开，新兴强国有机会重新铺设国家间关系运行的秩序"轨道"。尤其是大战后的胜利国家发现自己处于异常有利的位置，在国际制宪的关键时刻新强国获得了塑造世界政治的特殊机会。① 例如，"二战"后的"自由国际秩序"是威尔逊自由主义和权力平衡现实主义的结合，它包括自由经济秩序、防务与安全自由、人权和政治自由，以及全球公域自由四个部分。② 如约翰·伊肯伯里（G. John Ikenberry）所言，在大战之后霸权国可以选择的国际秩序安排不止一种，是建立"集体安全的国际秩序""霸权支配的国际秩序"还是"宪政规则的国际秩序"，由大国竞争进程塑造。③ 霸权稳定论指出，国际贸易体系、全球金融流动、宏观经济政策与危机管理等公共产品的供给需要霸权国来承担。④ 英国霸权下的全球自由贸易与金本位制是霸权竞争的结果。美国霸权下的布雷顿森林体系则是国际协调的结果。⑤ 在重大危急时刻，国际秩序的改革方案是多元竞争的。例如，2008年全球金融危机中的全球大国选择重启与强化G20（二十国集团）平台，而非选择建立联合国"全球治理委员会"或强化国际货币基金组织（IMF）等其他方案，是新兴大国与老牌大国竞争博弈后的折中结果，充满多重可能性。

三 中观层面的全球政治时间：权衡当下与未来的时间视野

国际关系中的冲突和战争通常受时间视野影响，因为竞争大国的跨期选择重

---

① Stephen D. Krasner, "United States Commercial and Monetary Policy: Unraveling the Paradox of External Strength and Internal Weaknes," in Peter J. Katzenstein, ed., *Between Power and Plenty: Foreign Economic Policies of Advanced Industrial States*, Madison, WI.: The University of Wisconsin Press, 1978, pp. 51–87.

② Joseph S. Nye Jr., "The Rise and Fall of American Hegemony from Wilson to Trump," *International Affairs*, vol. 95, no. 1, 2019, pp. 63–80.

③ 参见 G. John Ikenberry, *After Victory: Institutions, Strategic Restraint, and the Rebuilding of Order after Major Wars*, Princeton, NJ: Princeton University Press, 2001。

④ 参见 Charles P. Kindleberger, *The World in Depression, 1929–1939*, Berkeley and Los Angeles: University of California Press, 1973。

⑤ 参见 Robert Gilpin, *War and Change in International Politics*, Cambridge: Cambridge University Press, 1981。

点存在差异,即对长期回报的等待耐心程度是不一样的。霸权国与崛起国不仅关注如何分享当前的利益,还要考虑未来获得长期优势的诱惑。罗伯特·阿克塞尔罗德(Robert Axelrod)曾认为合作倾向随时间长度变化而变化,即"未来阴影"越长国家就越不愿意剥削对方获得更短期回报,因为这样将牺牲长期的合作前景。① 在不确定的环境下,未来采取冲突还是合作的行动取决于跨期选择的贴现因子。这意味着,如果相互竞争的大国不能预期对方的时间偏好,那么"未来阴影"的不确定性可能产生不同的约束效应。拉长时间进程,理性决策者的风险与收益预期就会发生变化。概言之,大国竞争本身是一个动态变化的过程,时间视野对中观层面的国家间互动产生深远影响。竞争大国的时间视野会不断在当下与未来、短期与长期诱惑之间保持平衡。更具耐心的大国希望在让步中维护未来收益,相反缺乏耐心的大国则会急躁冒进或先发制人。

(一) 权力转移进程中的时间视野

时间视野(time horizons)是指,决策者对当下价值与未来收益关系的偏好。② 一般具有短时间视野的决策者更专注于眼前事态的进展利弊;具有长期视野的决策者更关注长远大趋势。但在权力转移过程中,处于竞争中的大国面临的基本问题是:是现在采取行动以解决问题,还是将行动推迟以静观其变?由此,将时间因素引入权力转移分析框架,就是关注竞争大国如何对近期与远期两个时间点上的成本与收益进行权衡。战略耐心高的崛起国具有长远的时间视野,但战略耐心低的崛起国则容易急躁冒进。③ 在权力转移阶段,当新兴国力量不断增加同时崛起压力也不断升高时,崛起国是着眼长远利益而忍让眼前利益还是捍卫当下利益再看未来形势,存在短期与长期的风险与收益权衡矛盾。

首先,大国竞争的短期利益与长期利益存在张力。霸权国越早划定界限,对崛起国的威慑力度越强,在未来被剥夺霸权时的预期成本就越低。但是对崛起国的威慑和先发制人打击又不能过早,否则短期收益违背长期利益的可能性就越

---

① 参见 Robert Axelrod, *The Evolution of Cooperation*, New York: Basic Books, 1984。
② David M. Edelstein, "Cooperation, Uncertainty, and the Rise of China: It's About 'Time'," *The Washington Quarterly*, vol. 41, no. 1, pp. 1-17.
③ 杰克·斯奈德:《帝国的迷思:国内政治与对外扩张》,于铁军等译,北京:北京大学出版社2007年版,第7页;时殷弘:《传统中国经验与当今中国实践:战略调整、战略透支和伟大复兴问题》,《外交评论》2015年第6期,第57—68页。

高。如果崛起国确实没有威胁霸权国地位的实力与意图，那么霸权国就没有必要采取行动，而是可以先观察一段时间，何时发动预防战争取决于它对崛起国家意图与实力的看法。相比之下，崛起国则并不急于表明自己的意图，保持战略模糊有助于为崛起争取更多空间与时间，当实力对比跨过临界点后，崛起也就水到渠成。因此在大多数权力转移中，霸权国倾向于长远上等待与观察，崛起国也倾向于长时期等待与隐忍，这样双方都在客观上维持了国际秩序的和平稳定。但是，当权力转移接近临界点时，霸权国就可能焦虑起来，其时间视野由之前的长远视角变得更加短视，因为威胁已经迫在眉睫，崛起国的实力或意图已经开始明朗化，继续等待将置霸权国于不利地位。在实力接近时，崛起国有两种选择，具备大战略耐心的崛起国会继续韬光养晦，等待最终胜利的那一刻到来；但是急于求成的崛起国则会在霸权国压力下，提前实施其战略计划，这样战争风险迅速增加。①

其次，时间视野会扭曲当下与未来的收益权重感知。前景理论提出了一个令人信服的论点，即行为者对待收益和损失的方式是不对称的：相对于可比收益，决策者会高估损失的价值。实验证据表明，将决策参考点锚定在过去、当下还是未来，影响其收益预期。前景理论通过关注主观时间知觉与风险偏好因素，分析战略决策的非理性特质。在不确定的情况下，行动者对未来损失与获益的认知是不对称的：在收益前景下趋于规避风险；在损失前景下则接受风险。② 从跨期选择角度来看，行动者的当前许诺与未来履行诺言之间存在一个时间差。历史上很多崛起国在前期与中期相对沉着，但在后期冒进，与其担心长期投入在最后时刻化为乌有的损失规避心态有关。③ 杰弗里·托利弗（Jeffrey W. Taliafero）提出的风险均衡理论指出，超级大国为了规避主观预期到的

---

① Robert Powell, "Uncertainty, Shifting Power, and Appeasement," *The American Political Science Review*, vol. 90, no. 4, 1996, pp. 749 – 764.

② 有关前景理论对国际互动的预期分析参见 Robert Jervis, "Political Implications of Loss Aversion," *Political Psychology*, vol. 13, no. 2, 1992, pp. 187 – 204; Jack S. Levy, "Prospect Theory and International Relations: Theoretical Applications and Analytical Problems," *Political Psychology*, vol. 13, no. 2, 1992, pp. 283 – 310; Jonathan Mercer, "Prospect Theory and Political Science," *Annual Review of Political Science*, vol. 8, 2005, pp. 1 – 21。

③ Shane Frederick, George Loewenstein and Ted O'Donoghue, "Time Discounting and Time Preference: A Critical Review," *Journal of Economic Literature*, vol. 40, no. 2, 2002, pp. 351 – 401; Phillip Streich and Jack S. Levy, "Time Horizons, Discounting, and Intertemporal Choice," *The Journal of Conflict Resolution*, vol. 51, no. 2, 2007, pp. 199 – 226.

未来损失，例如相对实力、国际地位或者声誉下降，就有动力在边缘地带采取冒险激进的干涉政策。换言之，跨期选择中的大国会做出非理性决策，为了当下即时获得的利益在外围地区进行危险干预，最终却损失了长期的战略利益，得不偿失以致失败。①

再次，预防性战争建立在对未来战略止损的预期上。预防性战争涉及短期与长期时间上的得失权衡，未来收益会在当下被打折扣。从根本上说，短期和长期权衡代表"现在或以后"的两难选择，即当下采取行动，还是将风险推迟的两难困境。罗恩·克雷布斯（Ronald R. Krebs）和亚伦·拉波特（Aaron Rapport）指出，与决策者眼前的威胁相比，应对长期威胁的战略通常不那么具体。②尽管如此，威胁在时间上是动态的，威胁会随着时间的推移而变化。预防战争的逻辑认为，如果一方意识到力量平衡正在发生变化，那么它就会攻击另一方。但是一个更具耐心的大国，希望在让步中维护未来利益。③在预防性战争理论框架下，第一次世界大战在1914年爆发的一个原因是，欧陆的所有强权都认为这是开战的有利时机，而推迟战争于己不利。杰克·斯奈德（Jack Snyder）认为，1914年第一次世界大战前各国均同时希望尽快发动战争，彼此都持有一种"宜早不宜迟"的信念从而在匆忙行动中迎头相撞，陷入一种"时机悖论"④。相反，第二次世界大战期间英国在对德国的绥靖政策，则是在拖延时间，希望着眼长远"用时间换空间"⑤。

（二）跨期选择中的时间贴现

跨期选择的大国都在对短期收益风险与长远收益风险之间反复权衡。鉴于时间会扭曲当下与未来的收益权重感知，需要引入跨期选择理论的核心概念"时

---

① 参见 Jeffrey W. Taliafero, *Balancing Risks: Great Power Intervention in the Periphery*, Ithaca and London: Cornell University Press, 2004。

② Ronald R. Krebs and Aaron Rapport, "International Relations and the Psychology of Time Horizons," *International Studies Quarterly*, vol. 56, no. 3, 2012, pp. 534–535.

③ Jonathan Renshon, *Why Leaders Choose War: The Psychology of Prevention*, Westport, Connecticut: Praeger Security International, 2006, pp. 6–8.

④ Jack Snyder, "Better Now Than Later: The Paradox of 1914 as Everyone's Favored Year for War," *International Security*, vol. 39, no. 1, 2014, pp. 71–94.

⑤ Norrin M. Ripsman and Jack S. Levy, "Wishful Thinking or Buying Time? The Logic of British Appeasement in the 1930s," *International Security*, vol. 33, no. 2, 2008, pp. 148–181.

间贴现"①。时间贴现体现的是对未来不确定性的心理承受能力，虽然崛起国与衰落国都同意相比当下（近期）回报，未来（近期）回报是要贴现（打折扣）的，但对"未来应该如何贴现"，它们有不同的偏好。从理论上讲，面对未来不确定性的"耐心"程度称为贴现因子（discount factor），即决策者对未来收益相对当下收益的贴现程度。贴现因子介于 0 到 1 之间，数值越大，说明参与人的耐心越好，若是等于 0，则说明参与人完全没有耐心。② 权力转移进程中的崛起国与霸权国，对时间流逝的主观感知可能存在差异。贴现因子值越大，竞争者就越看重未来；而贴现因子越小，则越看重眼前。

其一，对未来收益的错误前景预估，会干扰大国的战略耐心。若行动者过去与当下都能遵守承诺，那么其对手就可以通过观察这些遵约历史，推断其合作倾向。这可以激励行动者通过遵守协议来建立良好声誉，并为未来合作打下基础。将这种逻辑应用于国际合作，声誉对遵守承诺的影响取决于决策者对未来的贴现程度。决策者所表现出的耐心程度可能会告诉外界他们对国际合作的偏好，传递私有信息。③ 有耐心决策者（贴现因子越大或贴现率越小）在面对可能的声誉损失时更加谨慎，而无耐心决策者（贴现因子越小或贴现率越大）更重视目前的成本和收益。在国际关系领域，合作理论的支持者强调"未来阴影"和反复博弈在帮助国家相互合作方面的重要性，并认为时间视野塑造国家间谈判结果。④ 在权衡当下与未来"成本—收益"时，短期视野会选择铤而走险。当崛起国认为存在一个迅速崛起的"机会窗口"时，就可能失去战略耐心。战争冲动的近因与远因都与时间视野有关，当崛起国具有错误的乐观主义，认为抢先行动的利益和轻松的征服有利于自己把握机会窗口时，大战就一触即发。

其二，跨期选择问题的关键在于不同时期的承诺是否可信。承诺难题根本上源自风险不可控与不确定性。这些风险包括：承诺发出与兑现之间存在时间差，

---

① Paul Samuelson, "A Note on Measurement of Utility," *Review of Economic Studies*, vol. 4, no. 2, 1937, pp. 155 – 161.
② 贴现因子与贴现率之间是反比关系。用公式表达就是：贴现因子 $\delta = 1/(1+r)$，$0 < \delta < 1$，其中 r 是贴现率。因此，贴现因子越小/贴现率越大，则参与人的耐心程度越小，越看重当下收益；反之贴现因子越大/贴现率越小，参与人越有耐心，越看重未来收益。
③ Emilie M. Hafner-Burton, Brad L. LeVeck and David G. Victor, "No False Promises: How the Prospect of Non-Compliance Affects Elite Preferences for International Cooperation," *International Studies Quarterly*, vol. 61, no. 1, 2017, pp. 136 – 149.
④ James D. Fearon, "Bargaining, Enforcement, and International Cooperation," *International Organization*, vol. 52, no. 2, 1998, pp. 269 – 305.

信号发出者与接收者之间的实力与信息不对称等。① 在一个经典的讨价还价模型中，双方就"如何瓜分一块馅饼"进行讨价还价时，就需要相互许诺，才能最终达成一致。但是当"馅饼"不可分割时，承诺的僵局就会出现。理性主义者的解决思路是在讨价还价之前质押抵押品，以降低承诺风险。为了化解崛起压力，在崛起前、崛起中和崛起后，崛起国都需要不断做出可信承诺，以安抚国际社会的忧虑。但是承诺的时间不一致可能引发预防性战争。② 凯尔·海恩斯（Kyle Haynes）探讨了国家间信号传递过程如何在多个不确定性维度下运作。③ 他创建了一个国家间再保证的模型，在这个模型中，接收方对发送方目标的兼容性和其时间视野都不确定。如果一个接收国不确定发送国的时间视野，那么就更难确定一个给定信号的代价，从而也就更难确定它作为发送方偏好指标的可信度。而且较短的时间范围会降低合作的可能性和国家间信号的可信度。④

其三，大国竞争的时间视野受国内政治结构的不同约束。有分析认为不同政治体制会有不同的时间视野，即所谓的"民主政治"与"非民主政治"的国内政治会对时间视野产生不同激励。在分析民主政体的时间视野时，政党竞争是关键。保罗·皮尔逊（Paul Pierson）指出，民主制度下的政治家往往具有较短时间视野，竞选压力使其顾不上长期后果。⑤ 乔舒亚·科特泽尔（Joshua Kertzer）也发现，民主国家参与冲突的决心受时间偏好影响，并假定存在"任期→时间偏好→决心"的逻辑。⑥ 但他没有分析时间变量的影响机制，因为时间压力有可能引发让步，也有可能增加冒险行为，甚至孤注一掷地用胜利来增加内政讨价还

---

① 参见曹德军《国际政治的信号理论分析》，北京：中国社会科学出版社2022年版。
② Joseph M. Grieco, "Anarchy and the Limits of Cooperation: A Realist Critique of the Newest Liberal Institutionalism," *International Organization*, vol. 42, no. 3, 1988, pp. 497-498; Joseph M. Grieco, "Realist Theory and the Problem of International Cooperation: Analysis with an Amended Prisoner's Dilemma Model," *The Journal of Politics*, vol. 50, no. 3, 1988, pp. 610-612; Duncan Snidal, "Relative Gains and the Pattern of International Cooperation," *American Political Science Review*, vol. 85, no. 3, 1991, p. 722; Robert Powell, "The Problem of Absolute and Relative Gains in International Relations Theory," *American Political Science Review*, vol. 85, no. 4, 1991, pp. 1316-1317.
③ Kyle Haynes, "A Question of Costliness: Time Horizons and Interstate Signaling," *Journal of Conflict Resolution*, vol. 63, no. 8, 2019, pp. 1954-1955.
④ Robert Trager, "Multidimensional Diplomacy," *International Organization*, vol. 65, no. 3, 2011, pp. 469-506.
⑤ 参见 William D. Nordhaus, "The Political Business Cycle," *Review of Economic Studies*, vol. 42, no. 2, 1975, pp. 169-190。
⑥ Joshua Kertzer, Resolve, "Time, and Risk," *International Organization*, vol. 71, no. 1, 2017, pp. 109-136.

价的能力。其中选举周期对塑造政党的时间跨度至关重要，执政党的时间跨度随着选举的临近和下台的可能性越来越近而缩短。贾科莫·奇奥扎（Giacomo Chiozza）发现，在选举周期早期，民主领导人更有可能通过沉没成本机制展示昂贵信号，如军队动员或强制外交来展示决心；随着新选举临近，更有可能诉诸公开的威胁声明，触发观众成本。① 相反在非民主政体中，精英们不必担心下一次选举，因此可以超越民主政治所特有的短视。② 当然关于时间视野与政治制度之间的关系尚需要更多经验证据支撑，施展耐心毅力、不采取轻率行动是基本的政治美德，可能与政治制度本身无关。

四 微观层面的全球政治时间：谈判时机与节奏演化

微观层面的谈判选择取决于领导人自己对时机成熟度的主观判断。外交决策者可以根据威胁的严重性及其应对能力，评估如何以最佳方式重新应对这一威胁。外交决策的时机选择关注基于时间的动态变化（结构与能动性互构），将国际谈判置于时间流逝的动态背景下去理解。在国际谈判中，时机是比提案内容本身更加重要的变量，因为提案被对方接受的前提是时机成熟。所谓"天时、地利、人和"，这里的"天时"指的就是合作条件"成熟"。只有当事方发现自己处于令人不安和代价高昂的谈判困境时，持续的僵局突然被一种可能的时机打破，双方都期待把握机会构建解决方案。换言之，大国竞争的谈判进程类似于植物从开花到成长再到成熟的过程。在谈判互动进程中，相互依赖的各方都感觉有相向而行的必要；这样会促使当事方抓住成熟时机达成共识，加速和解进程。③

（一）国际谈判的时机成熟理论

对于调解冲突的时间安排而言，时机是一个关键变量。在内外因素冲击下，谈判的成熟时刻可能突然到来，为长期陷入僵局的谈判双方提供和解的机会

---

① Giacomo Chiozza, "Presidents on The Cycle: Elections, Audience Costs, and Coercive Diplomacy," *Conflict Management and Peace Science*, vol. 34, no. 1, 2017, pp. 3 – 26.
② H. E. Goemans, *War and Punishment: The Causes of War Termination and the First World War*, Princeton, NJ.: Princeton University Press, 2000, pp. 40 – 41.
③ Ramses Amer, "The Resolution of the Cambodian Conflict: Assessing the Explanatory Value of Zartman's Ripeness Theory," *Journal of Peace Research*, vol. 44, no. 6, 2007, pp. 729 – 742.

窗口。威廉·扎特曼（William Zartman）在《成熟的解决之道》（*Ripe for Resolution*）一书中系统阐述了时机成熟理论。他指出，在时机成熟之前，任何和解提案与调停都是徒劳的。① 因此只有在条件"成熟"时冲突才能顺利解决，无论调解人的素质和技能如何，也不管提案建议是否公平，如果忽视了时间变量则会让"未成熟"的冲突解决走向失败。在不确定的竞争互动中，成熟时机与机会窗口何时出现往往是很难预测的，趋向成熟的谈判包括两个潜在特点。（1）相互伤害的僵局。各方都意识到各自都处于一个代价高昂的僵局中，加剧和维持冲突无法摆脱困境。（2）都有解决问题的相互期望。双方都预见到谈判解决是可能的，希望找到一个对双方都公正和满意的和解方案。② 在时间压力下，旷日持久的争端方有动力去寻求或接受和解方案。

第一，国际谈判中的成熟时机是一个瞬间存在的转折点。国际谈判研究文献表明，时间压力影响谈判行为，时间似乎是影响冲突方案被双方接受的关键因素。谈判时机存在两个研究重点，第一个重点是可用谈判时间对谈判过程的发展和结果的影响，第二个重点是时间压力的影响。两者都强调了时间因素对谈判过程的影响，时间压力可能由谈判者内部施加，也可能是对外部条件作出的反应。③ 一个成熟的时机就像"平原和悬崖的结合"，在长时间难以缓解的僵局或日常生活中，突然出现让局势急转直下的变化，所谓的"平原"是指平缓的日常生活状态，代表着时间持久性、稳定性特征；而"悬崖"则是重大转折，与"关键节点"类似。④ 阿德里安·利特尔（Adrian Little）在《持久的冲突》一书中认为，冲突不应该被视为"病态"。政治复杂性需要充分捕捉到冲突变动的"非线性、突发特性和滞后性"⑤。在冲突社会中，时间压力、过去经验、准备和对谈判后气氛的关注都是影响解决方案形成的因素。在冲突各方评估其行动方案时，时机成熟是外交的本质之一。

---

① 参见 William Zartman, *Ripe for Resolution: Conflict and Intervention in Africa*, New York: Oxford University Press, 1985。
② 参见 William Zartman, *Ripe for Resolution: Conflict and Intervention in Africa*, New York: Oxford University Press, 1985, p. 291。
③ Igor Mosterd and Christel G. Rutte, "Effects of Time Pressure and Accountability to Constituents on Negotiation," *International Journal of Conflict Management*, vol. 11, no. 3, 2000, pp. 227–247.
④ 周舟：《"成熟时机"理论研究述评》，《太平洋学报》2016年第8期，第31—39页。
⑤ Adrian Little, *Enduring Conflict: Challenging the Signature of Peace and Democracy*, New York: Bloomsbury Press, 2014, p. 11.

第二，捕捉化解危机的"机会窗口"，可以建立谈判优势。时机稍纵即逝，尤显稀缺。因此，成功把握机遇影响外交承诺效力。但时机成熟并非一种客观现实，而是一种主观感知。由于僵局是一个未来或偶然事件，任何客观证据在成为有效证据之前总需要得到各方认可。如果当事人没有认识到他们处于僵局，那么时机就不可能成熟。而如果双方均认为处于僵局需要打破的情境，那么无论客观证据多么脆弱，成熟时机都是存在的。当时机未成熟时，可以采取定位政策，即为合作建立框架。比如，确立每一方都会对另一方的让步做出回应的意识；给各方一些新鲜的想法，保持新想法的松散性和灵活性，避免过早陷入细节的困扰；确立基本原则，形成解决方案的基石；建立谈判不可缺少的渠道；形成可接受的谈判机制和适当的协议格式，或者对预谈判项目进行初步探索；确定要解决的问题，并将冲突中无法解决的问题分离出来；为当前的冲突路线提供替代方案，在各方之间架设桥梁，澄清寻求和解所涉及的成本和风险。对于危机调解人而言，一旦双方认为时机已到，那么调解人就需要抓住成熟时机，促进双方转向谈判。作为一种时间感知反应，成熟时机产生需要心理条件与信任铺垫。

第三，渐进式互惠是化解僵局的信心建立步骤。谈判需要时机，但具体的时刻表需要遵循由易到难的渐进性路径，各方在不断学习与调适过程中找到最佳合作时机与形式。陷入谈判僵局的各方通过微小与渐进性策略可以在僵局双方之间打开缺口，传递合作善意。为了化解冲突双方的怀疑与脆弱，赫伯特·凯尔曼（Herbert C. Kelman）建议在"谈判前阶段"先举行"问题解决工作坊"，通过"非承诺、非捆绑、非官方、私密性、低承诺"的互动方式开启彼此初步的对话接触，积累彼此的对话经验，厘清分歧所在与可能的交集。[①] 由此渐进互惠原则致力于在时间过程中积累积极反应，是化解僵局的前期策略。查尔斯·奥斯古德（Charles Osgood）提出的"缓和紧张的渐进互惠"（GRIT）理论强调，当冲突中的一方主动表示有缓和紧张态势的意愿，然后单方面采取小步骤的缓和措施，换取对方认为自己是"可信的"的反馈，就可以开启渐进互惠进程。时间发挥循序渐进的凝聚作用，即先从小而重要的地方开始积累经验和成果，然后逐步转换到难而重

---

① Herbert C. Kelman, "Building Trust among Enemies: The Central Challenge for International Conflict Resolution," *International Journal of Intercultural Relations*, vol. 29, no. 6, 2005, pp. 639–644; Herbert C. Kelman, "Social-Psychological Dimensions of International Conflict," in I. William Zartman and J. L. Rasmussen, eds., *Peacemaking in International Conflict: Methods and Techniques*, Washington, D. C.: US Institute of Peace Press, 2007, pp. 61–107.

要的领域,即"由易到难"诱发互惠循环。① 这样渐进互惠模式使谈判时机分解,让双方有机会接触、试探、确保、合作,最终寻求和解。

(二) 大国竞争的外交节奏调整

潮有涨落日,人有盛衰时。间断均衡理论关注大国竞争的动态均衡演化,以实践性时间观理解大国竞争。战略节奏变化涉及外交政策调整的速度与波动幅度,往往呈现出不规则的演变轨迹。实践性时间观对理解外交决策的非线性演化有重要启示:大国竞争节奏本身并非是线性均速的,可以加速也可以减速。大国权力竞争的外交节奏面临多种资源约束以及一系列"低概率-高风险"的意外事件冲击,在内外要素叠加作用下,战略节奏呈现"间断均衡"特性。②

一方面,大国竞争加剧背景下的战略节奏朝着非线性方向演化。大国竞争的战略节奏时序不是循环与线性地向前发展,而是以实践性时间观逻辑进行动态演化。战略节奏非匀速变化类似物理学"多普勒效应"(Doppler Effect),即运动轨迹的非匀速突然加速或降速。③ 在能动性与结构叠加约束下,大国竞争战略节奏也呈非线性特征。例如在 2008 年全球金融危机后,中国根据实力对比与国际竞争形势动态调整外交节奏,在保持战略定力的同时"奋发有为",中华民族伟大复兴进入不可逆转的历史进程。同时美国对霸权衰落的时间紧迫感也显著提升,如奥巴马政府提出"亚太再平衡",特朗普政府开展全面对华竞争,拜登政府宣称把握"关键的十年"保持全球优势。④ 同时印度却突然加快战略节奏,印度总理莫迪甚至宣布要"25 年内建成发达国家"⑤。印太地区的中美印关系波动起伏,各方战略节奏的演化均遵循非线性发展路径。

---

① Charles E. Osgood, *An Alternative to War or Surrender*, Urbana: University of Illinois Press, 1962.
② 曹德军:《战略节奏的间断均衡演化——印太变局下的中美印时间视野分析》,《世界经济与政治》2023 年第 5 期,第 104—130 页。
③ 1842 年奥地利物理学家克里斯琴·约翰·多普勒 (Christian Johann Doppler) 偶然观察一列驶过的蒸汽机车时,发现该火车离他越来越近时,汽笛声变得越来越大,且尖锐刺耳。而它逐步远离他后,汽笛声越来越小,且柔和动听。由此总结一个重要的时间规律:物体辐射波长因为光源和观测者的相对运动而产生变化。
④ The White House, "The Biden-Harris Administration's National Security Strategy," https://www.whitehouse.gov/briefing-room/statements-releases/2022/10/12/fact-sheet-the-biden-harris-administrations-national-security-strategy/.
⑤ Børge Brende, "India's Future and Role in The Post-COVID-19 World," *World Economic Forum*, https://www.weforum.org/agenda/2021/11/india-s-future-and-role-in-the-post-covid-19-world/.

另一方面，决策者时间感知压力塑造大国竞争程度。所谓"明者因时而变，知者随事而制"。外交决策涉及时间权衡，领导人能否在不确定条件下做出"时间权衡"，在过去或将来预期中制定合理战略节奏，体现其战略决策水准。① 未来是难以估量的，决策者可以将外交事件分为"近"或"远"来理解其决策价值。当预期的未来收益或损失越大，对其决策的影响就越大。相对于未来不确定性而言，当下通常更容易把握，因此战略拖延可能是有益的，但也可能是代价昂贵的。改革开放以来，中国的"韬光养晦"被认为是一种战略耐心。美国为了维护霸权地位也会强调，面对权力转移挑战要有"战略上的耐心与坚持"②。崛起国的战略节奏一般需要循序渐进，在漫长的稳健发展中集中力量、局部突破，积量变为质变。但是霸权国的战略节奏可能在某个时间节点之后，从拖延观望转向积极进取，或在时间压力下先发制人。理解大国竞争的时间动态，需要采用一种开放与波动的实践性时间观，既要看到领导人的主观能动性，也要看到外部机会结构共同塑造大国竞争的战略节奏与发展轨迹。

五 结论

时间维度塑造了全球政治运作的深层逻辑，全球政治学研究需要探讨不同类型的时间尺度，不仅关注竞争的形式与内容"是什么"，还需关注竞争发生在"什么时候"。著名政治学家保罗·皮尔逊（Paul Pierson）曾指出，大多数社会科学理论仅仅是"快照"（snapshot）而不是"影像"（moving pictures）③，只有找回时间因素才能逼近国际政治的变动规律。④ 对国际政治互动实践而言，时间不仅仅是机械的自然时间，而且是人类社会实践的过程，指向的是个人之间、国家之间、国际组织之间的各种社会关系。全球政治系统的周期性演化、权力转移的时间视野与时间贴现、国际谈判时机与战略节奏战略调整，均是约束大国竞争

---

① Jack S. Levy, "Prospect Theory and International Theoretical Applications and Analytical Problems," *Political Psychology*, vol. 13, no. 2, 1992, p. 301.

② Barack Obama, "National Security Strategy of the United States," https：// www. whitehouse. gov/sites/default/files/docs/2015_ national_ security_ strategy. pdf.

③ Paul Pierson, "Not Just What, but When: Issues of Timing and Sequence in Comparative Politics," *Studies in American Political Development*, vol. 14, no. 1, 2000, pp. 72 – 92.

④ Paul Pierson, *Politics in Time: History, Institutions and Social Analysis*, NJ: Princeton University Press, 2004, pp. 5 – 6.

的时间框架。

本文基于全球政治的时间维度分析，关注了不同层次的时间变量组合逻辑，及其如何影响大国竞争的互动进程。长期以来，时间哲学常常围绕线性时间观、循环时间观与实践性时间观三种不同时间观展开辩论，其分别在全球政治的不同层次上展开（见表2）。在宏观层面上，霸权兴衰与国际秩序转型受循环时间观与实践性时间观的双重影响。国际秩序在大国争霸战争中兴衰起落，全球政治的关键节点推动竞争螺旋式上升。例如，16世纪的葡萄牙、17世纪的荷兰、18世纪与19世纪的英国、20世纪的美国的霸权成长史，体现出自我强化与反应序列的路径依赖特点。在中观层面上，大国间博弈的时间视野体现线性时间观的特点，短期时间视野与长远时间视野对风险收益的理解差异引发竞争分化。在微观层面上，外交决策与国际谈判具有实践性时间观的特点，在战略节奏互动建构进程中加速、延迟、偏转、断裂与延续。从实践互动角度理解全球政治，有助于从演化视角展示大国竞争的多层动态进程。

表2　　　　　　　　　不同分析层面上的全球政治逻辑

	时间哲学基础	塑造全球政治的变量
宏观层面	（1）循环时间观：全球经济周期性循环往复；全球政治存在多个霸权周期；（2）实践性时间观："霸权"竞争与"无霸权"时代交替，国际秩序方案具有多样性	路径依赖序列：在全球政治关键节点，战后国际秩序重构存在多重路径，事件发生的序列构成自我强化与反应性演化路径依赖
中观层面	（1）线性时间观：权力转移的短期与长期收益权衡，存在当下（近期）回报与未来（远期）回报的贴现因子；（2）参考点锚定在对过去、当下与未来的线性时间感知	风险前景预期：对未来收益的错误前景预估干扰战略耐心；跨期选择涉及承诺可信度；时间视野受国内政治结构约束
微观层面	（1）线性时间观：在国际谈判中，僵局突然被打破需要一个成熟的渐进过程；（2）实践性时间观：成熟时机与机会窗口充满变化，在实践互动中战略节奏呈现非线性演化趋势	主观互惠感知：国际谈判遵循由易到难路径，在渐进学习与调适中寻找最佳时机；决策者时间感知塑造竞争节奏

本文研究发现，将时间带回国际关系研究能更好理解全球政治的动态进程，有助于回归国际实践的变化性、情境性与关系性。时间维度揭示了全球政治变革的非线性进程，洞悉行动者如何能动地塑造结构，以及结构如何以非匀速方式制

约行动者,均需回归实践性时间观。正如科林·怀特(Colin Wight)在《施动者、结构与国际关系》中指出的那样,"过程、实践与事件是通过嵌入在情境结构中发挥能动作用的",所有的社会行动都既包含行动也包含结构。[①] 在结构与能动的互动过程中,时空情境、历史遗产、实践进程、决策时机与战略节奏等时间变量,共同构建出一幅复杂的国际政治图景,展示着过去、当下与未来的时间延绵。

---

① Colin Wight, *Agents, Structures and International Relations: Politics as Ontology*, Cambridge, UK.: Cambridge University Press, 2006, pp. 296-298.

为什么脱钩黄金的美元仍然是世界货币：
企业组织能力与国家结构性权力*

李晨阳**

【内容提要】 为什么美元在1971年脱钩黄金之后，直到今天还是世界货币？透过美元垄断石油计价的现象，本文从历史中归纳出一个世界政治经济中的结构性变量——石油供应组织能力，来解释美国货币霸权的延续。在当代世界，石油是一种极为重要的基础性商品，石油供应的组织有赖于石油企业，因此相关领域企业组织能力的差异会影响所在国家在世界政治经济中的结构性权力。美国作为世界石油工业的先行者，在全球石油供应的组织能力方面的优势是其他国家无法比拟的，这一优势塑造了其他消费国和产油国在石油计价货币上的选择范围。布雷顿森林体系解体后，这一结构基础仍然存在，这也成为美元和石油挂钩的前提条件，由此带来的全球美元需求至今维系着美元霸权。以上发现表明，企业的组织能力是国家结构性权力的重要组成部分，这不仅有助于我们理解今天的美国货币霸权地位，也可以为我国参与全球治理过程中的政企互动提供启发。

【关键词】 世界货币 结构性权力 组织能力 石油美元 全球治理

---

* 感谢《世界政治研究》匿名审稿专家的意见和建议，笔者文责自负。
** 李晨阳，北京大学政府管理学院博士研究生。

一 导言

2022年2月俄乌冲突爆发后,美国和许多欧洲国家对俄罗斯实施了金融制裁,具体措施包括限制部分俄罗斯银行使用环球银行金融电信协会(SWIFT)系统、冻结俄罗斯海外资产等。这些措施在不同程度上破坏了当前国际货币与金融体系的"游戏规则",也让很多人开始讨论国际货币体系是不是又到了发生重大变革的时候。时间来到2023年,人民币国际化在结算方面又出现不少新进展,比如中国人民银行和巴西中央银行签订人民币清算安排合作备忘录、中海油集团与法国道达尔能源公司完成国内首单人民币结算的进口液化天然气采购交易等。从这些现象来看,"去美元化"再度引发关注。

事实上,从世界货币史的角度来看,"去美元化"并不是今天才有的新设想,要想更好地预判国际货币体系的变化,我们需要结合历史和现状更准确地理解如今的美元霸权。众所周知,1944年布雷顿森林会议是美元从制度上正式成为世界货币的关键一步,此后美元世界货币地位一直延续至今。但是,这中间发生过一项重要的变化:1971年尼克松关闭黄金窗口,美元和黄金脱钩,这和2022年美国对俄罗斯滥用金融制裁类似的一点是严重伤害了美元的信誉。然而在此之后,美元的世界货币地位非但没有崩溃,甚至在一些方面还有所加强。那么,为什么美元霸权在失去黄金支撑后仍然得以延续?这是本文想要回答的中心问题。

很多研究文献从不同角度尝试回答这一问题,其中比较广为人知的一种观点是:美元霸权因为美元成为石油计价货币而延续,目前许多对国际货币秩序变化的预判也受到这种观点的影响。例如,在全球货币市场研究领域享有盛名的分析师佐尔坦·波兹萨尔(Zoltan Pozsar)在俄罗斯受到金融制裁之后认为,国际货币体系的中心可能转移到锚定石油等大宗商品的人民币,从而形成新的国际货币秩序——"布雷顿森林体系Ⅲ"(Bretton Woods Ⅲ)。[①] 本文同样尝试透过美元石油挂钩的现象分析美元霸权的基础,立足石油工业,分析美国作为主权信用货币发行国在世界经济结构中的独特之处。

在梳理历史和借鉴苏珊·斯特兰奇(Susan Strange)权力理论的基础上,本

---

① Zoltan Pozsar, "Bretton Woods Ⅲ," https://static.bullionstar.com/blogs/uploads/2022/03/Bretton-Woods-III-Zoltan-Pozsar.pdf.

文概括并命名了美国在世界经济中一种具体的结构性权力——石油供应组织能力——来解释美元世界货币地位的延续。这种能力以大型一体化的石油企业为载体，包括开发利用的技术能力和生产分销的管理能力两部分。作为关键能源与工业原料，石油在经济、社会与安全方面不可或缺，不同国家企业的能力差异也会体现为国家在世界经济结构中的权力差异。美国在石油供应组织能力方面的优势限制了其他石油生产国和消费国在石油计价货币方面的选择范围，在这一基础上，美元才能在与黄金脱钩之后垄断石油计价，由此带来的美元需求增长也支撑着美元霸权走到今天。本文将工业研究中的能力概念引入国际关系研究，通过对历史现象的归纳提出石油供应组织能力这一概念，它不仅深化了我们对结构性权力的认识，也对我们理解美国霸权地位和分析中国如何参与全球治理有着重要启发。

余下部分的写作安排如下：第二部分主要回顾既有研究对本文中心问题的解释，并指出现有解释的贡献和不足；第三部分是本文的理论基础，为本文的解释变量——石油供应组织能力的定义提供基本的理论铺垫；第四和第五部分通过梳理历史，分别展示美国企业的石油供应组织能力的发展，以及这种组织能力是如何影响消费国和产油国石油计价货币选择的；最后是本项研究的结论与启示。

二 既有研究的贡献与不足

曾经有很长一段时期，人们认为国家主权货币之所以有价值，是因为它们可以按照固定比例——黄金平价兑换成黄金。理论上讲，越能维持含金量的货币就越受欢迎，也越容易得到大家的承认和使用，而无法再兑换成黄金的货币则会"失宠"，因此，一个国家的中央银行需要做的事情就是维持住本国货币的黄金平价以及可兑换性。这一逻辑曾经在历史上得到过一定的验证：1931年9月，英格兰银行停止英镑和黄金之间的兑换，英镑的货币信誉因此受到重大打击，其世界货币地位也在十余年后走向了终结。按照这一历史经验，在1971年美国主动切断了黄金和美元的联系后，当时的人们普遍预判美元大概率也应该会如当年的英镑那样失去世界货币地位，不少媒体也对美元作为世界货币的前景并不乐观。[①] 然而，半

---

① 巴里·埃森格林：《嚣张的特权：美元的兴衰和货币的未来》，陈召强译，北京：中信出版社2011年版，第71—72页。

个多世纪后的今天，美元却依旧是世界货币。美元不仅在全球外汇储备币种构成中仍然占据主导地位，其海外流通规模之大也是前所未有的，① 一个重要的表现就是离岸美元市场规模空前的扩张，离岸美元系统也成为全球美元创造活动的重要载体。有的研究文献甚至认为在金融全球化的世界中，国际货币体系在很大程度上就建立在由美国以外私人创造的美元计价信贷工具之上，所以如今的国际货币体系本身从某种角度就可以视作一个离岸美元系统。② 随着20世纪80年代以来全球金融一体化的推进，美国货币政策的松紧变换以及美元汇率的强弱变换影响着世界范围内信贷、资本流动与资产价格的变化。学术文献将美元这种循环出现的升值贬值现象称为美元周期（dollar cycle）。③ 此外，在全球出现流动性紧张的时候（如2008年雷曼兄弟破产和2020年新冠疫情冲击），美联储甚至可以作为"最后贷款人"（lender of last resort）扮演"全球中央银行"的角色，④ 阻止全球流动性危机进一步恶化。从这些维度来看，脱离黄金的美元影响力还要强于与黄金挂钩的时候，我们今天也已经意识到美元作为世界货币的地位即便没有黄金的支撑依然有可能延续。那么，为什么曾经发生在英镑身上的故事在美元身上没有发生（至少目前还是如此），我们又应该如何从理论上解释根据英镑历史经验得出的预期和后来实际发展过程的差异呢？

从历史上看，一种货币一旦稳居世界货币的位置，以该货币为基础的庞大交易网络会对其世界货币地位起到一定的巩固支撑作用，⑤ 也就是说，国际货币制度存在某种路径依赖或制度"惯性"⑥。20世纪70年代以来，这种惯性的一个重要体现就是离岸美元市场，离岸美元市场不仅为金融全球化提供了重要

---

① Pierre-Olivier Gourinchas, Hélène Rey, and Maxime Sauzet, "The International Monetary and Financial System," *Annual Review of Economics*, vol. 11, no. 1, 2019, p. 861.

② Steffen Murau, Joe Rini, and Armin Haas, "The Evolution of the Offshore US-Dollar System: Past, Present and Four Possible Futures," *Journal of Institutional Economics*, vol. 16, no. 6, 2020, pp. 767–783.

③ Stefan Gerlach and Peter A. Petri, "Introduction," in Stefan Gerlach and Peter A Petri, eds., *The Economics of the Dollar Cycle*, Cambridge and London: The MIT Press, 1990, pp. 1–27.

④ "最后贷款人"一般指的是中央银行作为"银行的银行"，向金融机构提供资金缓解流动性紧张的职能。

⑤ Barry Eichengreen, *Globalizing Capital: A History of International Monetary System*, 2nd ed., Princeton and Oxford: Princeton University Press, 2008, p. 4; Ronald I. McKinnon, *The Unloved Dollar Standard: from Bretton Woods to the Rise of China*, New York: Oxford University Press, 2013, p. 6.

⑥ Alan S. Blinder, "The Role of the Dollar as an International Currency," *Eastern Economic Journal*, vol. 22, no. 2, 1996, p. 128.

的基础，也造就了支撑美元霸权的全球网络。① 在已经习惯了使用美元的情况下，其他国家很难在短时间找到其他货币来替代美元作为世界货币，美元的世界货币地位也就能延续下去。这种观点描述出了国际货币体系变革的一种重要特征，但是却无法有效解释为什么现在距离1971年已经过去了半个多世纪，美元仍然是世界货币。毕竟，曾经的世界货币英镑与黄金脱钩之后仅仅过去大十余年，就失去了世界货币的地位。经济学家海曼·明斯基（Hyman P. Minsky）有一句富有洞察力的名言："每个人都可以创造货币，问题是别人接不接受。"② 同样的道理，每个国家也都可以宣称自己发行的主权货币是世界货币，问题是别的国家接不接受。要想更为准确地理解今天美元霸权的成因，相比于国际制度层面的因素，我们需要把关注的焦点放在货币发行国身上，看看美国作为货币发行国具有哪些特性能够有助于维持美元世界货币的地位。根据现有研究，我们可以将其他国家接受美元作为世界货币的原因归纳为如下几个主要方面。

首先，美元的币值稳定会吸引其他国家继续使用美元作为世界货币，而币值是否能够保持长期稳定取决于发行国央行独立性是否足够高、货币政策是否稳健可信等多个因素。③ 对货币的持有者和使用者来说，这意味着美元的货币购买力在长期是有保障的，即使是2007—2012年的金融危机期间，大量的资本也是流向美元而非逃离美元。④ 货币币值的稳定也让美元成为一些国家宏观经济政策与价格水平的名义锚（nominal anchor）。⑤ 可是，仅从币值稳定来解释美元世界货币地位的延续是不够的，因为长期购买力有保证的货币可并不止

---

① 亚当·图兹：《崩盘：全球金融危机如何重塑世界》，伍秋玉译，上海：上海三联书店2021年版，第87页。
② Hyman P. Minsky, *Stabilizing an Unstable Economy*, New York: McGraw-Hill Professional, 2008, p. 255.
③ Alberto Alesina and Lawrence Summers, "Central Bank Independence and Macroeconomic Performance: Some Comparative Evidence," *Journal of Money Credit and Banking*, vol. 25, no. 2, 1993, pp. 151–162；安德鲁·沃尔特：《国际货币主导权的国内来源》，大卫·M. 安德鲁编：《国际货币权力》，黄薇译，北京：社会科学文献出版社2016年版，第64页。
④ William H. Wallace, *The American Monetary System: An Insider's View of Financial Institutions, Markets and Monetary Policy*, New York: Springer, 2013, p. 23.
⑤ Ronald Mckinnon, "U.S. Current Account Deficits and the Dollar Standard's Sustainability: A Monetary Approach," in Eric Helleiner and Jonathan Kirshner, eds., *The Future of the Dollar*, Ithaca: Cornell University Press, 2009, pp. 45–68.

美元一种，除了美元之外，曾经的联邦德国马克也是以币值非常稳定而全球闻名的。可即使在20世纪70年代美元脱离黄金并且美国出现严重通胀的情况下，联邦德国马克也没能形成和美元分庭抗礼之势，尽管币值稳定确实对联邦德国马克日后的国际化以及在此基础上欧元的出现提供了基础。所以，币值稳定是美元的竞争优势，但却不是独一无二的竞争优势。

其次，美国经济规模带来的市场权力（market power）会对美元的国际使用形成支持。美元和黄金脱钩后，美国的经济规模仍然是全球第一，庞大的经济规模意味着庞大的国内市场，进而意味着美国拥有世界贸易"最后进口国"（import of last resort）的地位。① 所以，美国经济影响全球总需求的能力是其他国家无法相比的。② 凭借这种市场权力，美元在跨国贸易计价和结算中成为主导货币也是情理之中。为了利用美国市场实施自身的出口导向发展战略，20世纪90年代初开始许多亚洲外围出口国家不仅维持本国货币与美元的固定汇率，还将贸易收入转换为官方持有的美元储备资产，这种货币循环与布雷顿森林体系时期西欧/日本与美国之间的货币循环有相似之处，因此被学术文献形象地称为"复活的布雷顿森林体系"（revived Bretton Woods System）。③ 不过，与布雷顿森林体系时期不同的是，美国开始通过经常项目逆差而非资本项目顺差对全世界输出美元。然而，用经济规模来解释美元霸权延续无法回避的一个现实挑战是：为什么在美国经济体量对中国的领先优势不断缩小的情况下，美元的国际化程度仍然远远领先于人民币？这足以说明经济体量也不是美元霸权延续的决定性影响因素。

最后，还有一类观点关注美国在金融领域的竞争优势，这种优势主要来自三个方面：第一，美国金融市场规模更大，能够满足各类投融资需求；④ 第二，美国金融市场的流动性更强，这意味着相比于其他货币计价的资产，美元资产可以

---

① Hyoung-kyu Chey, "Theories of International Currencies and the Future of the World Monetary Order," *International Studies Review*, vol. 14, no. 1, 2012, p. 61.

② Thomas Oatley, "The Political Economy of the Contemporary Dollar Standard," in Thomas Oatley and W. Kindred Winecoff, eds., *Handbook of the International Political Economy of Monetary Relations*, Cheltenham and Northampton: Edward Elgar, 2014, p. 56.

③ Michael P. Dooley, David Folkerts-Landau, and Peter Garber, "The Revived Bretton Woods System," *International Journal of Finance & Economics*, vol. 9, no. 4, 2004, pp. 307–313.

④ Annina Kaltenbrunner and Photis Lysandrou, "The US Dollar's Continuing Hegemony as an International Currency: A Double-matrix Analysis," *Development and Change*, vol. 48, no. 4, 2017, pp. 663–691.

以更低成本和更快速度流通交易;① 第三，美国国债被视作全世界金融市场最优的投资标的和定价基准，对美债的需求支撑起了美元的世界货币地位。② 美国国债的重要意义还在于他是全球金融市场上典型的安全资产（safe asset），也就是投资人无须担心发行人足额支付承诺的资产。③ 虽说美国财政部不是美元安全资产供给的垄断者，④ 但绝对是最重要的提供者，迈克尔·赫德森（Michael Hudson）甚至认为布雷顿森林体系之后的全球金融体系是一个以美国国债为本位的体系。⑤ 相比于购买力稳定程度和经济规模这两个来自实体经济的解释，这一类解释抓住了20世纪70年代以来美国经济的一个重要特征——金融化。所谓金融化，我们可以理解为金融活动在经济活动中的地位越来越重要，⑥ 特别是金融活动在创造经济利润中占据越来越大的份额。⑦ 但是，这类解释也存在一个明显的缺陷：美国在金融领域的竞争优势有可能既是美元世界货币地位的原因，也是美元世界货币地位的表现，我们很难说美国金融领域的竞争优势和美元世界货币地位这两者之间仅仅存在单向的因果关系。因此，与其说金融领域的竞争优势是美元世界货币地位延续的原因，倒不如说这两者的相互支撑是美元霸权强化的一个重要机制。

以上三类观点基本都来自经济层面，无论是实体经济还是金融经济，但如果我们仅仅从经济角度来分析，就很有可能忽略与黄金脱钩之后美元已经成为主权信用货币这一事实。与私人信用货币不同，主权信用货币是由主权国家政府垄断

---

① Eric Helleiner, "Political Determinants of International Currencies: What Future for the US Dollar?" *Review of International Political Economy*, vol. 15, no. 3, 2008, pp. 357-358; Hyoung-kyu Chey, "Theories of International Currencies and the Future of the World Monetary Order," p. 58; Thomas Oatley, "The Political Economy of the Contemporary Dollar Standard," pp. 56-57.

② 张宇燕、夏广涛：《源本抵押品：一个理解全球宏观经济和金融市场的概念》，《国际金融》2022年第2期，第3—5页。

③ Gary Gorton, "The History and Economics of Safe Assets," *Annual Review of Economics*, vol. 9, no. 1, 2017, pp. 547-586; 邵宇、陈达飞：《流动性经济学：货币幻觉、美元周期与资产配置》，杭州：浙江大学出版社2022年版，第18—19页。

④ Robert N. McCauley, "Safe Assets: Made, not Just Born," BIS Working Papers no. 769, https://www.bis.org/publ/work769.pdf.

⑤ Michael Hudson, *Global Fracture: The New International Economic Order*, New ed., London and Ann Arbor: Pluto, 2005, pp. 22-25.

⑥ Ronald Dore, "Financialization of the Global Economy," *Industrial and Corporate Change*, vol. 17, no. 6, 2008, p. 1098.

⑦ Greta R. Krippner, *Capitalizing on Crisis: The Political Origins of the Rise of Finance*, Cambridge: Harvard University Press, 2011, p. 27.

发行的货币，因此国际货币市场具有很高的政治性。① 我们也不能忽视政府与政治方面的因素对美元国际使用的影响。甚至在世界货币史上，货币发行国的单边行动可以改变本国货币的使用范围，典型案例是1914年美国政府的"关闭华尔街"（shut down the Wall Street）行动。1914年第一次世界大战爆发后，为了防止欧洲参战国抛售美国证券再兑换成黄金为战争融资，美国财长威廉·麦卡杜关闭纽约证券交易所长达四个多月，这一决定及其辅助措施阻止了可能出现的巨额黄金外流和金融体系混乱，同时英法等国还不得不从美国大量借入以美元计价的债务，美元的使用范围也随之扩大。②

总体来看，一个国家的国内政治是否稳定、经济治理是否有效、能否利用军事和外交权力维护国家安全等因素都会影响其货币在全球范围内的接受程度。③ 而且，独木不成林，国际货币地位的确立也需要发行国建立货币伙伴关系和领导多边合作。④ 在停止美元兑换黄金之后，美国在世界政治中的超级大国地位仍然没有改变，美国依旧可以通过其政治影响力来推动美元的国际使用，比如在世界石油市场。不少研究认为，美元继续稳坐世界货币地位的关键是美国与沙特阿拉伯合作，推动了美元成为世界石油贸易的计价货币。⑤ 现代社会的生产与生活离不开石油，但是全球石油的储藏和使用具有很强的不对称性，⑥ 所以，石油需求的增长势必会造就规模庞大的跨国石油贸易。如果美元在世界石油贸易计价与结算中拥有垄断地位，那么石油消费国为了进口石油就需要主动积累足量的美元，石油生产国也会被动积累大量美元，全球对美元的

---

① 李巍：《制衡美元：政治领导与货币崛起》，上海：上海人民出版社2015年版，第41页。

② 威廉·西尔伯：《关闭华尔街：1914年金融危机和美元霸权的崛起》，刁琳琳、余江译，北京：中信出版社2018年版。

③ Benjamin J. Cohen, *Currency Power: Understanding Monetary Rivalry*, Princeton: Princeton University Press, 2015, pp. 12 - 13; Barry Eichengreen, "International Currencies in the Lens of History," in Stefano Battilossi, Youssef Cassis, and Kazuhiko Yago, eds., *Handbook of the History of Money and Currency*, Singapore: Springer Singapore, 2020, pp. 335 - 359.

④ 李巍：《伙伴、制度与国际货币——人民币崛起的国际政治基础》，《中国社会科学》2016年第5期，第79—100页。

⑤ David E. Spiro, *The Hidden Hand of American Hegemony: Petrodollar Recycling and International Markets*, Ithaca: Cornell University Press, 1999, pp. 121 - 126; William R. Clark, *Petrodollar Warfare: Oil, Iraq and the Future of the Dollar*, Gabriola Island: New Society Publishers, 2005, p. 30; Bülent Gökay, "Two Pillars of US Global Hegemony: Middle Eastern Oil and the Petrodollar," in Immanuel Ness and Zak Cope, eds., *The Palgrave Encyclopedia of Imperialism and Anti-Imperialism*, Cham: Palgrave Macmillan, 2021, pp. 2673 - 2684; 管清友、张明：《国际石油交易的计价货币为什么是美元？》，《国际经济评论》2006年第4期，第57—60页。

⑥ 张帅：《"石油美元"的历史透视与前景展望》，《国际石油经济》2017年第1期，第54页。

需求和使用也将是源源不断的。而且，这种解释还能与前面美国金融领域竞争优势的解释产生联系，因为石油出口国会将出口获得的美元收入的很大一部分投资到美国国债等美元计价的资产，他们会有更强的动机来支持美元在石油出口计价中的地位。①

相对以上三类解释，这种解释既关注到了国际货币问题是一个兼具经济和政治属性的领域，又在此基础上注意到了美元相对于其他主权信用货币的独特优势，但却仍然没有从理论层面真正说清楚美国为什么能促成美元成为国际石油交易计价货币。现实中，一个国家的政治影响力并不能充分解释其发行货币的国际化程度。比如，俄罗斯和沙特阿拉伯也是产油大国，而且他们在油气政治经济问题上拥有很强的影响力，但是俄罗斯卢布和沙特阿拉伯里亚尔的国际化程度却非常低，更不要说在石油计价和结算领域构成对美元的实质性挑战。可见，仅仅停留在美元与石油贸易挂钩的现象层次并不能充分解释我们关注的问题。为了寻找解释变量并厘清因果机制，我们需要从理论层次找出能让美元垄断石油交易计价的结构性因素，这也是本文下一部分将要完成的工作。

三　解释变量与因果机制

从理论层面寻找和命名解释变量的第一步是认识世界货币在全球经济活动中的功能。受启发于一些有关货币理论的文献，② 本文认为，世界货币可以发挥跨国融资和跨国支付两项相互联系的功能。如果这两项功能由主权信用货币来完成，那么接下来的问题就是应该选择哪个国家发行的货币。如前所言，国际货币体系是一个兼具经济和政治属性的领域，世界货币的选择显然摆脱不了权力的影响。权力是国际关系研究中最受关注的概念之一，其基本功能是按照拥有者的偏好改变其他行为体的行为。或者借用汉斯·摩根索（Hans J. Morgenthau）的说

---

① Mahmoud A. El-Gamal and Amy Myers Jaffe, *Oil, Dollars, Debt, and Crises: The Global Curse of Black Gold*, New York: Cambridge University Press, 2010, pp. 10–11.

② 这些文献包括：Alan S. Blinder, "The Role of the Dollar as an International Currency," pp. 127–136; Gerald A. Epstein, *What's Wrong with Modern Money Theory? A Policy Critique*, Cham: Palgrave Macmillan, 2019, pp. 45–56; 李黎力：《明斯基经济思想研究》，北京：商务印书馆2018年版，第197—202页。

法:"权力是指人支配他人的意志和行动的控制力。"① 要想达到这一目的,权力的拥有者既可以直接去影响乃至控制其他行为体,也可以通过塑造其他行为体的选择范围来改变其行动。苏珊·斯特兰奇将以上两种情况下的权力分别命名为关系性权力(relational power)和结构性权力(structural power),其中,结构性权力的来源是权力拥有者对世界政治经济中某些具体结构的主导,这些结构可以是安全、生产、金融和知识四个互有联系的基本结构以及贸易、援助、能源和交通四个次级结构,这些次级结构又是由基本结构塑造的。②

初看起来,美元垄断国际石油交易计价是关系性权力在发挥作用,但实际上这一过程也是在具体的世界政治经济结构中发生的,因此,世界石油计价货币的选择同样可能受到某种结构性权力的制约。③ 不过,苏珊·斯特兰奇当时的分类还是过于模糊和笼统,不太适合直接拿来应用于具体问题领域的分析。在现实中,石油供应这种经济活动也很难完全归类到上面所说的某个特定的基本结构或者次级结构,就连苏珊·斯特兰奇本人也认为,石油工业处于不同结构和产业部门的交界线上。④ 因此,本文有关这种结构性能力的分析焦点也不会放在结构的分类上,而是放在受到结构因素影响的经济活动本身。现有研究中,陆如泉在分析"二战"后美国、沙特阿拉伯和沙特阿美公司关系时将作为结构性权力的"石油权力"进一步分为资源(供应)权力、市场(需求)权力、输送(通道)权力、定价权力、技术与管理权力以及金融权力六种子权力,⑤ 而不同的子权力其实可以由同样的主体所拥有,比如大型石油企业既是资源(供应)权力的拥有者,也是技术与管理权力的拥有者,而且后者还会影响前者。

---

① Hans J. Morgenthau, *Politics among Nations: The Struggle for Power and Peace*, New York: Alfred A. Knopf, 1948, p. 13.
② Susan Strange, *States and Markets*, 2nd ed., London and New York: Pinter Publishers, 1994, pp. 24 - 32.
③ 在国际货币关系领域,同样提出"结构性权力"的还有本杰明·科恩和乔纳森·科什纳。三位学者尽管强调的内容不同,但是关注的都是一个国家通过环境/结构间接影响其他国家行为的权力,参见 Eric Helleiner, "Structural Power in International Monetary Relations," EUI RSCAS Working Paper 2005/10, https://cadmus.eui.eu/bitstream/handle/1814/3359/05_10.pdf?sequence=1&isAllowed=y。
④ Susan Strange, *States and Markets*, 2nd ed., p. 231.
⑤ 陆如泉:《石油权力:二战以后美国、沙特和阿美(沙特阿美)石油公司"三角关系"透析》,北京:石油工业出版社2021年版,第14—18页。

在回顾石油工业史和国际货币史的基础上,本文将美元垄断石油计价所依托的这种权力命名为石油供应组织能力,它在本质上是一种在特定的产业中以企业为基本载体来完成经济活动的组织能力。在以往的国际关系研究中,能力是个很少使用的理论概念,所以我们有必要进行简单的铺垫介绍。能力指的是市场主体完成生产、交易等经济活动所需要的知识、经验和技能等的集合,[1]有关组织能力的经典研究来自企业史学者小艾尔弗雷德·钱德勒(Alfred Dupont Chandler Jr.),他将组织能力定义为在企业内部组织起来的设备与技能的集合。[2] 相关领域的研究者进一步指出,企业的组织能力是企业的竞争优势的来源。[3] 在具有基础性和战略性的工业部门,如能源和矿产等,重要企业(或者企业群)所承载的组织能力带来的竞争优势会影响到国际经济关系乃至国家安全和相应领域的国家间权力分配。此时,企业组织能力在现实中完全有可能超出商业意义上企业竞争力的范畴,影响到企业所在的主权国家,因此,将组织能力引入国际关系研究也有助于丰富我们对权力的理解。正是由于这一点,企业的组织能力并不等于人们通常所说的企业盈利能力,后者更多关注的是企业在商业意义上如何获取利润。同时,比较政治学中也存在一个与能力有关的概念——国家能力,即国家实现其官方目标的能力,[4] 这包括了渗透社会能力、调节社会关系能力、提取资源能力和使用特定方式运用资源能力。[5] 虽然企业组织能力可以影响到国家,但是显然两者在拥有主体和作用功效两方面都不一样。表1对国家能力和企业盈利能力以及本研究中的企业组织能力进行了对比。

---

[1] G. B. Richardson, "The Organisation of Industry," *The Economic Journal*, vol. 82, no. 327, pp. 883 – 896.

[2] Alfred Dupont Chandler Jr., *Scale and Scope: The Dynamics of Industrial Capitalism*, Cambridge: Belknap Press: 1990, p. 594.

[3] Dave Ulrich and Dale Lake, "Organizational Capability: Creating Competitive Advantage," *Academy of Management Perspectives*, vol. 5, no. 1, 1991, pp. 77 – 92; Robert M. Grant, "Prospering in Dynamically-Competitive Environments: Organizational Capability as Knowledge Integration," *Organization Science*, vol. 7, no. 4, 1996, pp. 375 – 387.

[4] 西达·斯考克波:《找回国家——当前研究的战略分析》,彼得·埃文斯、迪特里希·鲁施迈耶、西达·斯考克波编著:《找回国家》,方力维、莫宜端、黄琪轩等译,北京:生活·读书·新知三联书店2009年版,第10页。

[5] 乔尔·S. 米格代尔:《强社会与弱国家:第三世界的国家社会关系及国家能力》,张长东、朱海雷、隋春波等译,南京:江苏人民出版社2009年版,第5页。

表1　　　　　企业组织能力与国家能力和企业盈利能力的对比

	国家能力	企业盈利能力	企业组织能力
为谁所有	国家	企业	企业
作用功效	实现国家官方目标	赚取利润	获取竞争优势
影响领域	政治	商业	商业，但是可能影响政治

在具体的经济活动中，石油供应组织能力包含相互联系的两个部分：开发利用石油资源的技术能力和生产分销石油制品的管理能力。这两种能力的发展虽然以石油工业企业为载体，但是也取决于企业所在国家下游市场和关联产业的发展程度。对于石油企业所在的国家而言，企业的石油供应组织能力构成了国家结构性权力的一部分。众所周知，石油在经济、社会与安全方面扮演至关重要的角色，是一种基础性商品，[①] 几乎所有的经济部门都会直接或者间接使用石油制品，石油相关制品广泛应用于能源以及其他工业原料，带来了能源消费的质变，也促进了全球生产力的提升。[②] 在这种情况下，石油企业组织能力的差异就不仅仅具有商业上的意义，而且会影响到所属国家的经济增长、社会稳定乃至国家安全，因而不同国家石油供应组织能力的差异会形成一种特定的结构性权力，影响和塑造其他国家的行动范围。从国际关系理论的角度来看，权力本质就是一种能力，正如罗伯特·基欧汉（Robert O. Keohane）和约瑟夫·奈（Joseph S. Nye）对权力的定义所言：权力是一种"让其他主体做其本不愿意做的事情的能力"[③]。现实中，权力是维系霸权的重要基础，因此，关注霸权国的具体能力就成为理解霸权国权力来源的前提，同时也有助于我们从理论层面丰富对权力的认识。罗伯特·基欧汉将霸权定义为一个国家在物质资源方面的优势，这体现在霸权国对原材料、资本来源和市场的控制，以及在高附加值产品的生产上具有竞争优势。[④]

---

① 但是基础性商品不止石油一种，而且它也未必是有形的产品，也有可能是无形的服务，比如航运服务。
② 瓦茨拉夫·斯米尔：《石油简史：从科技进步到改变世界》（第二版），李文远译，北京：石油工业出版社2020年版，第6页。
③ Robert O. Keohane and Joseph S. Nye, *Power and Interdependence*, 4th ed., Boston: Longman, 2012, p. 10.
④ Robert O. Keohane, *After Hegemony: Cooperation and Discord in the World Political Economy*, Princeton: Princeton University Press, 1984, pp. 32–34.

我们在讨论各种"霸权"时往往关注的是美国国家层面，但是究其根本，霸权的来源却同样可以是具体行业的企业（或者企业群）的能力。作为基础性商品，石油的供应组织能力是霸权国维系物质资源优势的具体渠道和重要基础。在这一基础上，尽管石油输出国组织（OPEC）能够凭借自身在石油储量方面的资源禀赋影响全球油价，但是这些国家并不足以成为世界石油体系中的霸权国家，[①] 更无法让自身的货币成为世界石油贸易的计价货币，而主要原因就是它们并不具备可以与美国匹敌的石油供应组织能力。

历史回顾表明，在石油这种基础性商品供应方面，美国的组织能力发展领先于世界其他国家，并且这种能力限制了石油消费国乃至其他产油国在石油跨国交易计价货币上的选择范围，为布雷顿森林体系解体后石油与美元挂钩奠定了基础。由于石油在经济、社会与安全方面的重要性，全球石油需求的上升也意味着美元需求和美元使用的增加，美元霸权也可以从"二战"之后一直延续至今。本文将在接下来的第四部分介绍美国企业石油供应组织能力的积累和成长，然后在第五部分展示美国的石油供应组织能力是如何塑造石油消费国和产油国的货币选择范围，进而支持美元国际使用的。

四　美国企业石油供应组织能力的发展

组织能力的发展是一个累积性的过程，而非一蹴而就或者一劳永逸的过程，这正如钱德勒所说：组织能力是需要创造的，组织能力建立起来之后也需要去维持。[②] 从历史上看，美国企业石油供应组织能力的成长与美国工业化的进程同步。在美国本土石油的大规模商业开发中，美国石油企业充分利用了本土自然资源禀赋、关联产业成果和市场规模，通过扩大投资让自身的技术能力和管理能力不断积累和完善，为之后主导全球范围内的石油供应奠定了基础。

19世纪中期到20世纪上半叶，美国经济体量迅速扩张，超越英国、法国和德国等欧洲国家成为世界第一大经济体。如图1所示，1820年，美国GDP占世界的份额只略多于英国或者法国的三分之一，不到德国的二分之一，但到了1950年，美国经济体量已经远远超过英国、法国和德国三者的总和。工业化是

---

① Robert O. Keohane, *After Hegemony: Cooperation and Discord in the World Political Economy*, p.191.
② Alfred Dupont Chandler Jr., *Scale and Scope: The Dynamics of Industrial Capitalism*, p.594.

美国经济增长的重要驱动力，美国经济增长的过程也是美国工业化的过程，随着工业产出规模在1880年至1900年之间超过英国，美国成为世界第一大工业国。① 在美国国内，工业部门贡献的国民收入以及容纳的就业人员比例也都逐渐超过了农业部门：1869年，农业部门在美国国民收入中占比为22.2%，制造业只有14.6%，1929—1937年期间，农业部门占比下降到9.0%，而制造业占比上升到21.0%；1869年，美国就业人员中农业部门占比高达48.3%，制造业仅为17.6%，而1929年，对应的数字分别变成了21.2%与22.2%。② 美国工业化过程有许多发挥了重要作用的产业，而提供能源和工业原料的石油工业则是最不应该被忽视的产业之一。

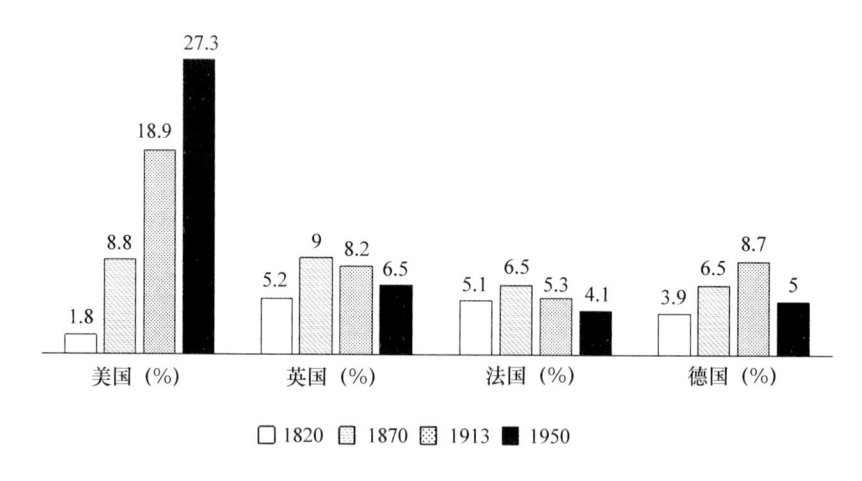

图1　不同年份美、英、法、德四国GDP占世界GDP百分比的变化

资料来源：Angus Maddison, *The World Economy*, Paris: OECD Publishing, 2006, p.641。笔者根据数据制图。

美国是世界石油工业的先行者。自1859年埃德温·德雷克在宾夕法尼亚州钻出美国第一口油井之后，越来越多的油田在美国本土被勘探发现。据统计，1900年，美国大型油田数量只有7个，1925年上升到75个，1950年进一步增加

---

① Gavin Wright, "The Origins of American Industrial Success, 1879 – 1940," *The American Economic Review*, vol. 80, no. 4, 1990, pp. 651 – 668.

② U. S. Bureau of the Census, *Historical Statistics of the United States, Colonial Times to 1970* (Bicentennial Edition), Washington D. C.: U. S. Department. of Commerce, Bureau of the Census, 1975, p. 240.

到220个。① 本土拥有丰富的石油资源固然是美国石油工业迅猛发展的重要因素，但这仅仅是一种有利条件，因为自然资源不会自动产生技术能力，从而赋予自身经济价值。② 所以，相比丰富的石油资源，更有决定性影响的是美国开发利用石油资源的技术能力，而技术能力的发展则以具体生产设备和生产工艺为载体，囿于篇幅限制，这里仅在开采和炼制加工环节各举一例说明。1909年，石油商人霍华德·休斯为锥形旋转钻机申请专利，并且与他人合作成立合伙公司，批量生产旋转空心钻，这让旋转钻井机普及起来，提升了石油开采的效率。③ 1939年，流化床催化裂化技术被沃伦·刘易斯与埃德温·吉利兰德发明出来并很快扩散，埃德温·霍德利的提炼技术也促进了这一过程效率的提升。④ 随着开发利用石油的技术能力不断提高，美国原油的年产量也不断扩大。如图2所示，1860年，美国原油年产量仅为50万桶，之后除了大萧条最严重时期（1929—1933年）外年产量几乎均呈现增加趋势，到"二战"结束的1945年，美国原油年产量已经超过了17.1亿桶。在产量开始增加时，原油开采价格也明显下降。1879年，每桶原油的均价就已经下降到1美元以下。19世纪80年代至第二次世界大战结束的这段时期，除了第一次世界大战后的通货膨胀时期，美国原油的每桶均价基本上没有超过2美元。

低廉的石油使用成本为下游消费市场的扩大和下游产业的成长创造了条件，最有代表性的下游行业莫过于使用石油制品作为燃料的汽车工业。1892年，查尔斯·杜利亚制造了美国首辆汽油燃料汽车，而之后的亨利·福特借助大规模生产技术大幅降低了汽车的成本，到了20世纪30年代末，美国汽车市场在全球的占比已经高达90%。⑤ 美国也成为全球汽车工业的领头羊。1920年之后，美国的石油化工产业也发展起来，⑥ 石油除了用作能源和照明之外，也成为工业原材料的来源。下游市场的扩大和关联产业的发展在受益于低廉石油价格的同时，也

---

① 瓦茨拉夫·斯米尔：《石油简史：从科技进步到改变世界》（第二版），第133页。
② David C. Mowery and Nathan Rosenberg, *Paths of Innovation: Technological Change in 20th-Century America*, New York: Cambridge University Press, 1999, p. 168.
③ 瓦科拉夫·斯米尔：《美国制造：国家繁荣为什么离不开制造业》，李凤海、刘寅龙译，北京：机械工业出版社2014年版，第45—46页。
④ 瓦科拉夫·斯米尔：《美国制造：国家繁荣为什么离不开制造业》，第62页。
⑤ 瓦茨拉夫·斯米尔：《石油简史：从科技进步到改变世界》（第二版），第11—12页。
⑥ David C. Mowery and Nathan Rosenberg, *Paths of Innovation: Technological Change in 20th-Century America*, p. 81.

为石油工业企业技术能力的提升提供了基础,并且促进了上游设备工业的发展,形成不同工业部门共同发展的正向互动。

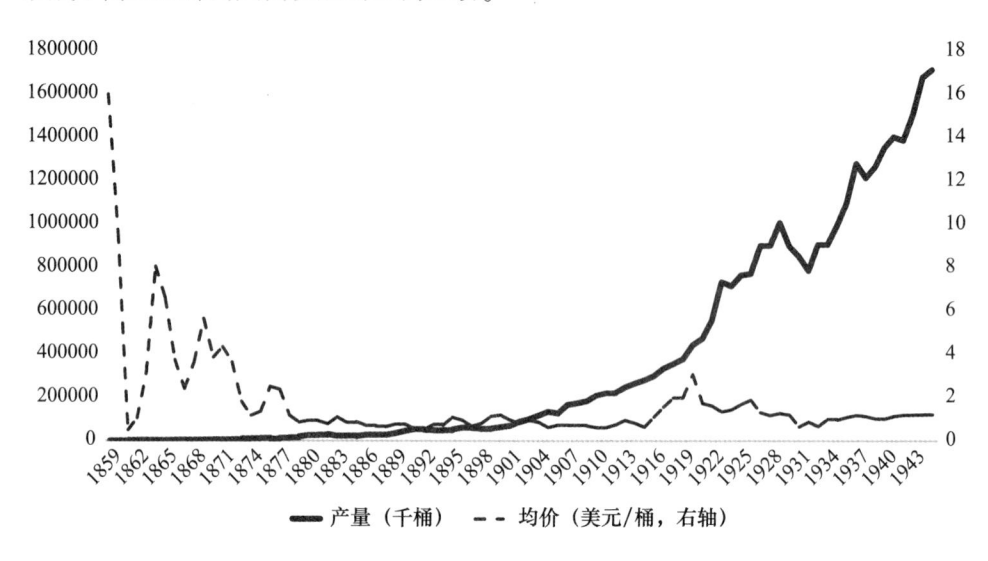

图 2　1860—1946 年美国原油产量与价格变化

资料来源:U. S. Bureau of the Census, *Historical Statistics of the United States, Colonial Times to* 1970 (*Bicentennial Edition*), Washington D. C.:U. S. Department. of Commerce, Bureau of the Census, 1975, pp. 593 – 594, 笔者根据数据制图。

开发利用石油的技术能力仅仅是石油供应组织能力的一部分,另外一部分是大型石油企业生产分销的管理能力。自诞生以来,石油市场从来就不是一个经济学教科书式的自由市场,① 纵向一体化的大型石油企业的垄断和主导才是这一领域的突出特征。所谓纵向一体化(vertical integration),指的是从获取原材料到销售最终产品的各个阶段或步骤由一家企业的不同部门而非不同企业完成。② 钱德勒通过比较现代美国、英国和德国企业史发现,资本密集型工业的企业要想更为充分地利用规模经济与范围经济,就得不断进行生产、经销和管理方面的三重投资(three interrelated investments),以此构建自身的组织能力,率先完成这一过程的企业会建立起先发优势。③ 1870 年,约翰·洛克菲勒创立标准石油公司,

---

① 瓦茨拉夫·斯米尔:《石油简史:从科技进步到改变世界》(第二版),第 33 页。
② Gary M. Walton and Hugh Rockoff, *History of the American Economy*, 11th ed., Mason:South-Western/Cengage Learning, 2010, p. 312.
③ Alfred Dupont Chandler Jr., *Scale and Scope:The Dynamics of Industrial Capitalism*, pp. 14 – 46.

标准石油公司也是世界上最早通过三重投资来利用规模经济的企业之一。① 到了 1904 年,标准石油已经控制了美国原油产量的 90% 以上和销售份额的 85%。② 1911 年,标准石油公司被以反垄断名义拆分,但是通过三重投资构建出来的生产分销管理能力仍然在被拆分出的新企业延续下去,成为日后美国主导全球石油供应的能力基础。

需要强调的是,美国石油企业的影响并不局限于本土,而是全球性的。随着世界范围内石油开发的推进,七家被合称为"七姊妹"的大型石油企业几乎垄断了世界范围内的石油供应,而这七家企业中有五家是美国企业:除了标准石油公司分拆出的新泽西标准石油公司(埃克森)、纽约标准石油公司(美孚)以及加利福尼亚标准石油公司(雪佛龙)之外,还有得克萨斯石油公司(德士古)和海湾石油公司。③ 20 世纪 40 年代末期,"七姊妹"控制了除北美及共产主义国家之外几乎 90% 的石油储量、约 90% 的石油生产、约 75% 的炼制能力和约 90% 的石油贸易。④ 20 世纪上半叶,中东许多地区还在英国的势力范围之内,但是美国企业已经参与到了伊拉克、沙特阿拉伯、科威特等地的石油勘探开发当中。⑤ 以沙特阿拉伯为例,1933 年,加利福尼亚标准石油公司经过沙特王室特许协议批准,得以在沙特进行石油勘探和开采,当时每一项设备及设备操作和维修人员都要由美国提供,最终于 1938 年在达曼地区发现石油。⑥ 据统计,1954 年,美国可以控制沙特阿拉伯、巴林和科威特—沙特阿拉伯中立区近乎全部石油生产、科威特和卡塔尔 50% 的石油生产、伊朗 40% 的石油生产、伊拉克和埃及 23.75% 的石油生产。⑦ 此外,美国在另一个产油区域拉丁美洲的影响力也十分显著,在委内瑞拉,1956 年时美国可以控制 80% 的已探明石油储量以及 75.5% 的石油开采量。⑧

20 世纪中期,美国毫无疑问是世界石油工业的领先国家,甚至有的观点认为,美国是当时世界上仅有的一个石油工业得到"充分发展"(well-developed)

---

① Alfred Dupont Chandler Jr., *Scale and Scope: The Dynamics of Industrial Capitalism*, pp. 92 – 93.
② 瓦茨拉夫·斯米尔:《石油简史:从科技进步到改变世界》(第二版),第 34 页。
③ 在之后的历史中由于合并等原因,这些企业的名称均发生过变更,为了行文表述方便,本文之后再涉及这些企业时仍然会使用本处出现的名称。
④ David S. Painter, "Oil, Resources, and the Cold War, 1945 – 1962," in Melvyn P. Leffler and Odd Arne Westad, eds., *The Cambridge History of the Cold War*, vol. 1, Cambridge and New York: Cambridge University Press, 2010, p. 491.
⑤ 王能全:《石油的时代》(上册),北京:中信出版社 2018 年版,第 43—52、68—70 页。
⑥ 埃伦·R. 沃尔德:《沙特公司》,尚晓蕾译,北京:中信出版社 2019 年版,第 6—18 页。
⑦ 王能全:《石油的时代》(上册),第 76 页。
⑧ 王能全:《石油的时代》(上册),第 76 页。

的国家。① 从图3和图4中我们可以看到，20世纪中期，无论是原油还是汽油、煤油还是馏分燃料油、残渣润滑油和润滑油这些石油制品，美国都是全球最主要的供应者。以上所有证据足以表明，最迟在第二次世界大战之前，美国就已经主导了石油这种基础性商品在全球范围内的供应，而美国石油企业的组织能力在这种局面的形成中起到了不可忽视的作用。

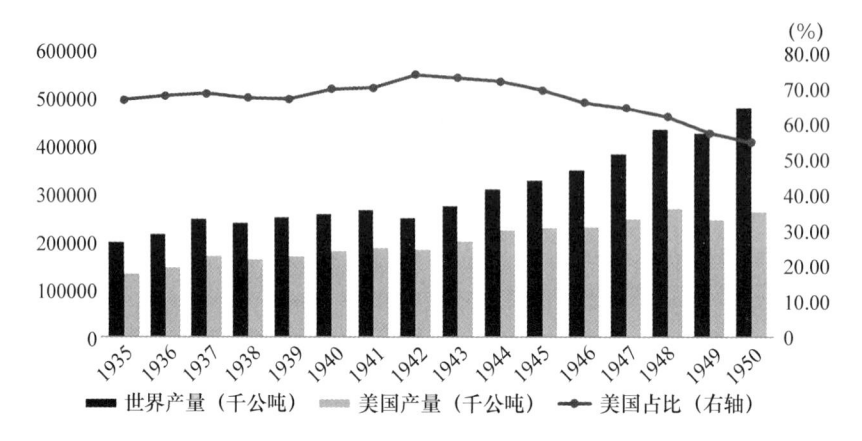

图3　1935—1950年世界与美国原油产量及美国原油产量占比

资料来源：United Nations, *Statistical Yearbook 1955*, New York：United Nations, 1955, pp. 143 - 144，笔者根据数据计算制图。其中世界产量为不包含苏联以及中国大陆的统计数据。

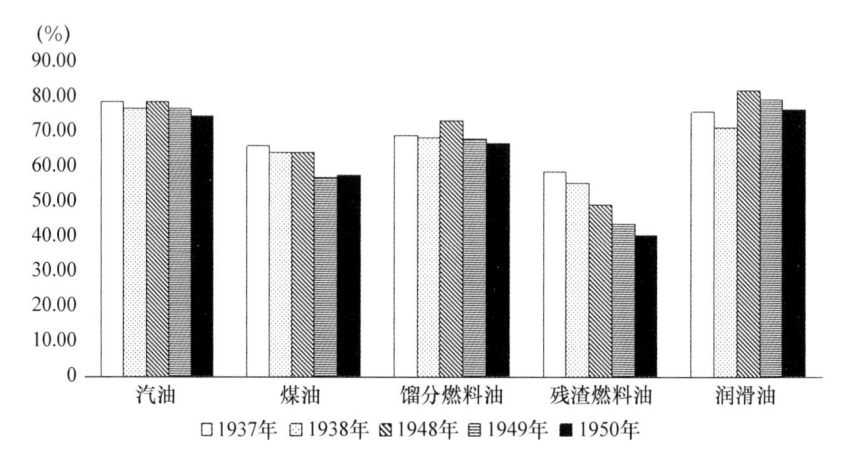

图4　"二战"前后若干年份美国石油制品产量的世界占比

资料来源：United Nations, *Statistical Yearbook 1955*, New York：United Nations, 1955, pp. 241 - 246，笔者根据数据计算制图。其中世界产量为不包含苏联、东欧、奥地利、印度和中国大陆的统计数据。

---

① Francisco Parra, *Oil Politics: A Modern History of Petroleum*, London and New York: I. B. Tauris, 2010, p. 33.

这里需要进行说明的是，美国石油企业的组织能力形成与这些企业的私人所有权之间并无必然的直接逻辑联系。当然，不可否认的是，私人所有权可能会让企业有更强的盈利动机，但是这种动机并不一定能够转化为企业经营效率和竞争优势。同时，现有研究也从理论和经验上证明，国家所有权也不是阻碍企业经营绩效提升的原因。[①] 对本文所讨论的这些石油企业而言，它们之所以能够拥有世界领先的组织能力，还是它们率先进行生产、经销和管理方面的三重投资进而充分利用了资本密集型工业规模经济和范围经济的结果。换句话说，对于组织能力的成长而言，石油企业依据石油工业本身特点进行的组织建设比企业所有权本身要重要。

五　石油供应组织能力与美元霸权

世界上的石油产量分布具有很大的不对称性，因此我们可以依据一个国家石油是净进口还是净出口，将所有的国家大致分为石油消费国和石油生产国两类。在布雷顿森林体系时期，美国企业的石油供应组织能力影响了西欧石油消费国的石油计价货币选择，也助力了马歇尔计划的成功和促进了战后美元循环的运转。在石油国有化浪潮中，石油生产国虽然改变了企业所有权，但是却无法国有化跨国石油公司长期积累下来的技术能力和管理能力，因此在石油供应领域依然离不开美国。这就意味着这些产油国非但无法独自颠覆美元体系，反倒可能成为美元霸权的支持者。

石油供应组织能力对美元霸权的支持首先体现在对石油消费国的影响上：如果石油消费国进口石油离不开美国企业，它们自然难以在石油计价货币中拒绝使用美元。我们选取"二战"后初期欧洲的经历来说明这一作用机制。1944年，在美国召开的布雷顿森林会议确立了"美元与黄金挂钩，其他国家货币与美元挂钩"的制度安排，这让美元在名义上成为世界货币，但是此时的全球美元循环还面临着两个阻碍。第一，英镑作为曾经的世界货币，影响力仍然不容小觑。第二次世界大战结束时，英国和许多其他缺乏美元的国家（大部分是英国殖民地、受保护国和英联邦国家，以及一些传统上使用英镑贸易的欧洲和南美国家）

---

① 路风：《国有企业转变的三个命题》，《中国社会科学》2000年第5期，第4—27页。

之间形成了"英镑区",这些国家维持自身货币与英镑的固定汇率,在对外支付方面和英国政府达成协议,实施资本管制,降低自身货币与美元间的可兑换性。① 这也从某种意义上可以印证前面提到的一个理论观点:各个国家之间形成的交易网络对货币国际地位的延续作用。第二,欧洲出现美元短缺,全球美元循环存在阻碍。第二次世界大战后期,许多国家对美国的贸易都是逆差,特别是受到战争破坏严重的欧洲。② 1946 年,欧洲国家与世界其他国家贸易逆差总计为 58 亿美元,1947 年进一步扩大到 75 亿美元,和战前水平相比,1947 年欧洲商品进口额是 1938 年的 1.14 倍,但出口额只有 0.81 倍。③ 持续的贸易逆差导致欧洲国家的美元支出始终大于收入,如果缺乏其他途径的美元流入弥补缺口,美元短缺就是难以避免的,而持续存在的美元短缺会影响全球美元循环的顺利运转。

但是,即使可能陷入更严重的美元短缺,欧洲国家也不会放弃在石油进口中使用美元,因为离开美国企业的石油供应组织能力,欧洲对石油的需求就无法充分满足。在"二战"之前,西欧 90% 以上的能源需求还是由煤炭提供,④ 但是到 1938 年,欧洲石油进口中美元计价的部分就已经超过四成。⑤ "二战"之后,战争对煤炭生产的破坏让欧洲出现了能源缺口,英国煤炭生产比 1938 年减少了 20%,德国西部地区的煤炭产出更是只有战前的 40%。⑥ 在这种情况下,石油成为替代性能源,不少国家开始了能源结构的调整,比如英国在 1946 年启动了"煤炭—石油转换行动"(Coal/Oil Conversion Campaign),试图扩大石油使用。⑦ 由于美国在全球石油供应中的主导地位,欧洲地区石油需求的增加也带来了对美元使用需求的增加。1947 年,西欧使用的石油近一半需要向美国企业支付美元

---

① David S. Painter, "Oil and the Marshall Plan," *Business History Review*, vol. 58, no. 3, 1984, p. 359; Catherine Schenk, "The Sterling Area 1945 – 1972," in Stefano Battilossi, Youssef Cassis, and Kazuhiko Yago, eds., *Handbook of the History of Money and Currency*, Singapore: Springer Singapore, 2020, pp. 771 – 790.

② Barry Eichengreen, *Globalizing Capital: A History of International Monetary System*, 2nd ed., p. 96.

③ 理查德·加德纳:《英镑美元外交:当代国际经济秩序的起源与展望》,符荆捷、王琛译,南京:江苏人民出版社 2014 年版,第 304—305 页。

④ David S. Painter, "The Marshall Plan and oil," *Cold War History*, vol. 9, no. 2, 2009, p. 163.

⑤ Barry Eichengreen, Livia Chiţu, and Arnaud Mehl, "Network effects, Homogeneous Goods and International Currency Choice: New Evidence on Oil Markets from an Older Era," *Canadian Journal of Economics*, vol. 49, no. 1, 2016, p. 182.

⑥ David S. Painter, "Oil and the Marshall Plan," p. 361.

⑦ J. H. Bamberg, *The History of the British Petroleum Company*, vol. 2, *The Anglo-Iranian Years*, 1928 – 1954, Cambridge University Press, 1994, pp. 315 – 321.

来进口,石油也是此时大多数西欧国家美元开支预算中最大的单项。① 与此同时,石油也是后来马歇尔计划援助的重点之一。1948年4月至1951年12月,马歇尔计划提供了12亿美元用于购买原油和炼制产品,占比差不多是总援助金额的10%。② 新泽西标准石油公司、纽约标准石油公司和加利福尼亚—得克萨斯石油公司(加利福尼亚标准石油公司和得克萨斯石油公司的合营公司)负担了援助计划中的大部分石油供应,运往欧洲的原油和四种主要石油制品的88%由这三家美国企业提供。③

那么,为什么欧洲石油需求的满足离不开美国石油企业?我们知道,前面提及的世界石油工业"七姊妹"中除了五家美国企业也有两家欧洲企业:英国的英伊石油公司和英国荷兰合资的皇家壳牌公司。直觉上,为了克服美元短缺问题,西欧国家完全可以尽可能多从这两家欧洲企业购买石油,进而减少美元的使用。事实上,英国不是没有进行过这种尝试。1949年,英国财政部减少了英镑区从美国石油企业购买石油的进口许可,并且限制从英国银行英镑账户向美国石油企业的转账活动。④ 但是,这一安排反倒让欧洲的石油企业感到不满,因为欧洲石油企业需要与美国石油企业合作。壳牌石油公司(英国)就表示反对用以英镑结算的石油取代以美元结算的石油,这会损害和美国企业的合作以及相关市场目标的达成。⑤ 而英伊石油公司则认为政府不仅破坏了其与美国公司的合作,还干涉了自己的销售市场的选择,对自己的商业自由构成了威胁。⑥ 可见,石油工业企业的国际合作也会受到石油供应组织能力的影响。

既然在原油进口中难以摆脱对美国企业的依赖,欧洲国家还有一种减少美元使用的选择就是扩大自身的炼制加工能力,进口相对便宜的原油,自己加工生产

---

① David S. Painter, "Oil and the Marshall Plan," p. 361; David S. Painter, "Oil, Resources, and the Cold War, 1945 – 1962," p. 497.

② David S. Painter, "Oil and the Marshall Plan," p. 361; David S. Painter, "Oil, Resources, and the Cold War, 1945 – 1962," p. 497.

③ David S. Painter, "The Marshall Plan and oil," p. 165.

④ David S. Painter, "Oil and the Marshall Plan," p. 375; Nicholas Miller Trebat, "The United States, Britain and the Marshall Plan: Oil and Finance in the Early Postwar Era," *Economia e Sociedade*, vol. 27, no. 1, 2018, pp. 355 – 373.

⑤ Catherine R. Schenk, "Exchange Controls and Multinational Enterprise: The Sterling-Dollar Oil Controversy in the 1950s," *Business History*, vol. 38, no. 4, 1996, pp. 23 – 24.

⑥ J. H. Bamberg, *The History of the British Petroleum Company*, vol. 2, *The Anglo-Iranian Years, 1928 – 1954*, p. 322.

石油制品。不过，我们前面说过，石油供应组织能力的发展与石油装备等关联产业的发展密切相关。其他地区要想新建和扩大炼油项目，不但离不开美国的石油装备和工程服务，① 也离不开美国基础工业的生产能力。比如，英国石油公司想在本土建立更多炼油厂的困难之一就是钢铁的短缺，而钢铁短缺同样需要从美国进口钢铁来满足需求缺口。② 这样看来，欧洲国家想扩大自己的炼制加工能力不但无法减少对美元的使用，反倒意味着更多的美元开支。因此，在石油进口计价货币方面，西欧国家离不开美元，因为它们的选择范围已经被美国在基础性商品供应领域的组织能力塑造了。不过，此时美元还没完全垄断石油计价。随着经济的恢复，英法等欧洲国家开始希望用本币购买石油，出于冷战环境和欧洲实际经济状况的考虑，美国允许了这种情况的发生，因此这一时期的石油计价货币是多元化的。③ 但是这一结果并不影响我们得出以下推断：美国企业的石油供应组织能力是马歇尔计划实施的基础之一，马歇尔计划能成功实施的原因是美国既能输出美元，还能供应石油制品等欧洲重建需要的商品。只有这样，全球美元循环才能顺畅运转并扩大，美元的世界货币地位才能真正得以确立。

美国企业的石油供应组织能力也会影响到其他产油国的货币选择，这主要是因为这些产油国在下游加工炼制环节以及全球运输领域缺乏主导权。随着世界范围内石油资源的开发，虽然全球石油产量分布发生了巨大的变化，但是美国企业的石油供应组织能力却没有受到颠覆性挑战，只有在这一基础上，美国才能让产油国成为美元的支持者。20世纪60年代末，当时美国国内石油的剩余产能用尽，④ 本土石油产量也在很长一段时间内不再增长，而中东地区在石油产量上超过了美国（见图5）。由于1960年石油输出国组织成立以及之后第三世界的石油国有化浪潮，"七姊妹"对全球油价的主导作用减弱，石油输出国组织则将自身掌控的巨额石油资源转化为国际政治领域的权力，它们在70年代主导的原油提价和禁运曾经给包括美国在内的西方国家造成了沉重的经济打击。但是，这并不

---

① David S. Painter, "Oil and the Marshall Plan," p. 372.
② J. H. Bamberg, *The History of the British Petroleum Company*, vol. 2, *The Anglo-Iranian Years*, 1928 – 1954, pp. 311 – 312.
③ 董雅娜：《从能源危机到美元霸权：石油—美元机制研究》，南京大学硕士学位论文，2019年，第17—18页。
④ 丹尼尔·耶金：《奖赏：石油、金钱与权力全球大博弈》（下册），艾平等译，北京：中信出版社2016年版，第186页。

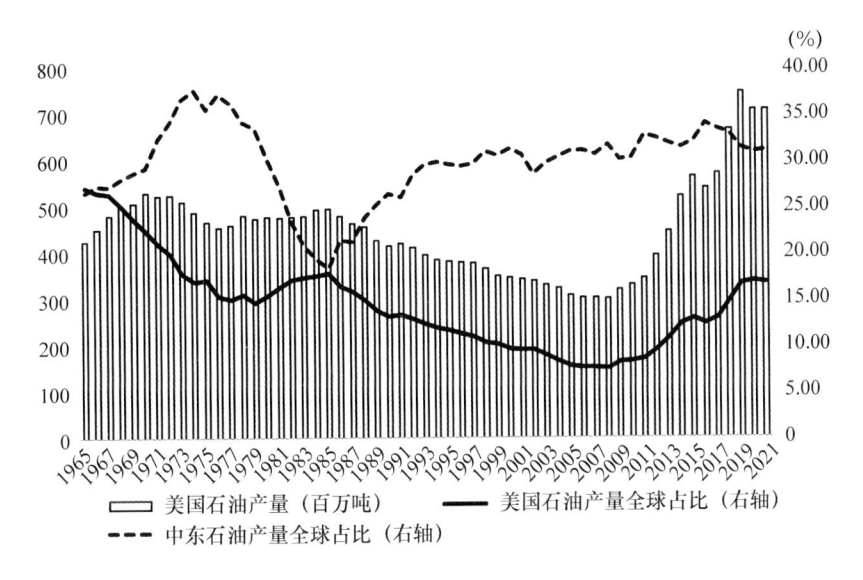

图 5　1965—2021 年世界石油产量分布变化

资料来源："BP Statistical Review of World Energy 2022," https://www.bp.com/content/dam/bp/business-sites/en/global/corporate/xlsx/energy-economics/statistical-review/bp-stats-review-2022-all-data.xlsx，笔者根据数据计算制图。

意味着石油输出国组织主宰了世界石油供应结构，中东产油国可以国有化石油资源，也可以国有化开发和生产设施，但是却无法国有化跨国石油公司长期积累下来的技术能力和管理能力，这些能力才是把原油变成各类石油制品并且投入实际使用的关键。所以，虽然中东地区的石油产量超过了美国，但是炼制加工的产能却远不及美国（见图 6）。同时，分销管理能力缺乏的产油国想要将石油拿到国际市场上出售，还得借助大宗商品专业交易商的服务。[①] 而且，1970 年时，主要石油运输管道的 80% 都控制在"七姊妹"中的五家美国企业手中。[②] 由此可见，中东产油国尽管拥有丰富的石油资源，但是却没有发展出与美国匹敌的石油供应组织能力，因而在下游仍然会依赖美国。

面对美国的强大的石油供应组织能力，产油国非但无法独自颠覆美元体系，

[①] Javier Blas and Jack Farchy, *The World for Sale: Money, Power and the Traders Who Barter the Earth's Resources*, London: Penguin Random House, 2021, pp. 44–45.

[②] 马修·奥扎诺：《黑金》，杨苑艺、高凝睿、周裕译，北京：北京时代华文书局 2021 年版，第 228 页。

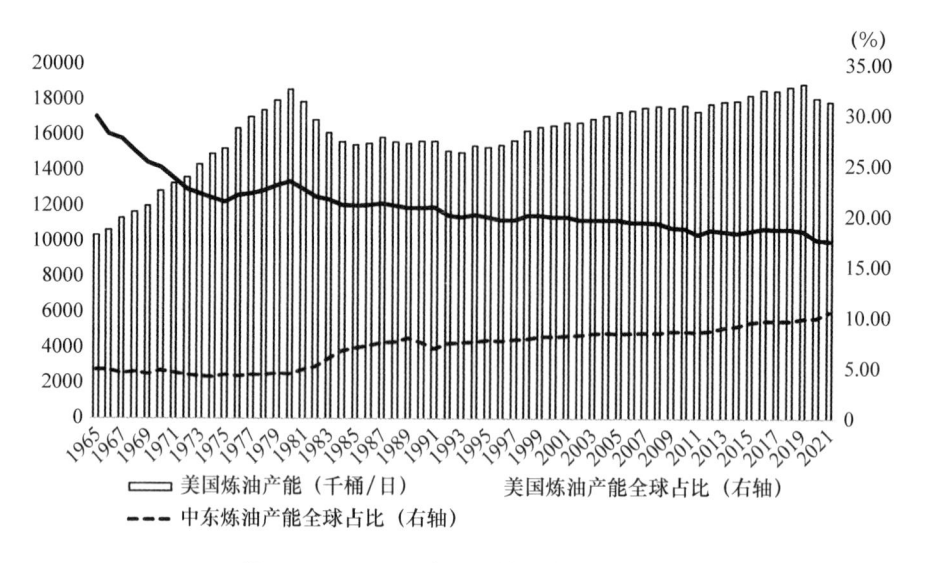

图 6　1965—2021 年世界炼油产能分布变化

资料来源：BP Statistical Review of World Energy 2022, https://www.bp.com/content/dam/bp/business-sites/en/global/corporate/xlsx/energy-economics/statistical-review/bp-stats-review-2022-all-data.xlsx，笔者根据数据计算制图。

反倒可能成为美元霸权的支持者。20 世纪 70 年代初，随着油价上涨，产油国因石油贸易对外产生了大量石油美元盈余，这就造成了国际收支失衡问题。要想解决这一问题，就得想办法让产油国的石油美元储备流动起来，为石油消费国的赤字融资，美国则借此机会让美元垄断了石油计价货币。沙特阿拉伯是石油美元盈余最多的国家，1974 年，美国在与沙特阿拉伯的单独商约中承诺为其提供安全保障和武器出口，并且以优惠条件吸引沙特阿拉伯用美元盈余购买美国国债，这不仅促进了石油美元跨国循环，同时也解决了美国自身的赤字融资问题，其后果就是沙特阿拉伯成为以美元计价石油的坚定支持者，石油输出国组织其他国家即使有意改变石油贸易计价货币，也会因为沙特阿拉伯的反对而失败。① 这看似是一个关系性权力发挥作用的过程，但是也需要石油供应组织能力这种结构性权力作为基础。沙特阿拉伯等中东产油国的影响力主要集中在石油工业上游，下游仍然控制在跨国石油企业的手中。② 更何况，1974—1978 年，石油输出国组织内部

---

① David E. Spiro, *The Hidden Hand of American Hegemony: Petrodollar Recycling and International Markets*, pp. 121-126；张帅：《"石油美元"的历史透视与前景展望》，第 52 页。

② Antoine Ayoub, "Oil: Economics and Political," *Energy Studies Review*, vol. 6, no. 1, 1994, p. 59.

在石油减产提价问题上都存在分歧和争端。① 所以，因为缺乏石油供应组织能力，这些产油国很难将自己的石油资源长期稳定地变现为石油收入，更不用说去影响国际货币关系和推动本国的货币成为国际化货币。

以上分析表明，在国际货币关系领域，货币霸权需要结构性力量的支撑。苏珊·斯特兰奇也认为结构性权力是美国霸权的重要来源，她早在1987年发表的一篇质疑美国失去霸权的文章中就指出：尽管美国在全球制造业生产和出口中的占比出现了下降，但是我们不能就此说美国不再主导全球生产结构，我们更应该关注的是美国的企业在全球生产中的影响，例如石油工业领域最顶尖的企业仍然大部分是美国企业。② 所以，即使本身已经不再是全球第一大产油国，美国仍然拥有控制世界石油体系的结构性力量。

本文的解释也补充了美元因为挂钩石油所以延续世界货币地位的观点，相比这一观点，本文的解释更着眼于美国的结构性优势。在美国拥有全球最强的石油供应组织能力的情况下，无论是石油的消费国还是产油国，在进行石油贸易时都难以绕开美国，这成为美元在与黄金脱钩之后依然可以垄断国际石油交易计价货币的结构基础。在这一过程中，脱离黄金的美元与石油挂钩仅仅是美元世界地位维系的一个关键步骤，但并不是原因的全部。潜藏在这一关键步骤之下的，正是美国在石油这种基础性商品供应方面的组织能力，石油供应组织能力在战后的作用为美元和石油挂钩提供了基础，20世纪70年代的美元也没有复现曾经英镑跌下世界货币"王座"的故事。

六 结论与启示

美元霸权的兴起和演变一直是国际政治经济学中备受关注的话题。本文在历史回顾的基础上借助已有理论，归纳提炼了一个来自企业层面的变量——石油供应组织能力，并尝试解释美元为什么与黄金脱钩之后仍然是世界货币。凭借在全球石油工业发展中的领先地位，美国拥有了其他国家无法匹敌的石油供应组织能力，这种优势塑造了其他国家对石油贸易计价货币的选择范围，让美元与黄金脱

---

① 王能全：《石油的时代》（上册），第117—120页。
② Susan Strange, "The Persistent Myth of Lost Hegemony," *International Organization*, vol. 41, no. 4, 1987, pp. 566–568.

钩后依然可以通过垄断石油贸易计价的方式，创造出不断增长的美元需求。所以，尽管美国的金融制裁会让受制裁国家出于政治风险考虑"去美元化"①，但至少是在石油计价货币这一局部，美国企业的石油供应组织能力构成了"去美元化"的一个重要障碍。

在国际货币关系领域之外，这一研究结论也可以帮我们认识美国金融霸权维系中的结构性因素。随着世界经济的发展，霸权国的权力来源也从自身拥有的土地和人口转移到了对世界经济结构的控制上。② 因此，霸权国地位的维系不仅需要强制力，同样需要建立在对世界经济结构主导之上的结构性权力。本文揭示出了霸权国家美国的一种具体的结构性权力——石油供应组织能力，这一概念不仅告诉了我们布雷顿森林体系解体后美元"嚣张的特权"来自哪里，也有助于我们在更广泛的意义上理解企业的组织能力是如何对国家维系霸权起到促进作用的，未来类似的经验研究也可以延伸到其他产业当中。

对当前的中国而言，本文的研究也对中国如何更好地参与全球治理有着启发意义。党的二十大报告指出："中国积极参与全球治理体系改革和建设，践行共商共建共享的全球治理观，坚持真正的多边主义，推进国际关系民主化，推动全球治理朝着更加公正合理的方向发展。"③ 中国要想为全球治理做出更大贡献，就需要批判性地参考历史上其他大国在参与塑造全球规则方面的经验，选好战略上的着眼点和着力点。本文提供的美国案例表明，大国塑造全球规则的能力不仅来源于宏观层面的国家权力，也来源于具体行业中的企业组织能力，而且后者在客观上可以对前者起到促进作用。尽管这种促进作用在历史过程中并不完全是人为"设计"的产物，但是我们仍然可以从中发现，国家参与全球治理不能只是本国政府唱"独角戏"，同样需要本土企业的积极参与。同时，近些年美国对中国企业在市场和技术两端进行打压的行为表明，拥有产业链条上主导权的"超级企业"在大国经济权力结构中具有重要地位。④ 因此，在中国参与全球治理的

---

① Daniel McDowell, "Financial Sanctions and Political Risk in the International Currency System," *Review of International Political Economy*, vol. 28, no. 3, 2021, pp. 635–661.

② Susan Strange, *States and Markets*, 2nd ed., p. 237.

③ 习近平：《高举中国特色社会主义伟大旗帜 为全面建设社会主义现代化国家而团结奋斗——在中国共产党第二十次全国代表大会上的报告》，北京：人民出版社2022年版，第62页。

④ 李巍、李玙译：《解析美国对华为的"战争"——跨国供应链的政治经济学》，《当代亚太》2021年第1期，第4—45页。

过程中，政府一方面需要积极地为企业的组织能力成长创造条件，比如鼓励支持企业对外合作和国际业务开拓，帮助企业扩大在世界范围内的影响力，另一方面要从国家结构性权力增长的角度去了解具体行业企业的经济战略潜能，挖掘其中的经济战略资源。同时，我们也要重视对实践中政府—企业互动关系的总结，及时将中国的实践经验理论化，更好地为构建人类命运共同体贡献中国智慧、中国方案和中国力量。

政治力量结构与转型国家的"国家—资本"关系[*]

——以俄罗斯和乌克兰的国家形态演变为例

聂俣诚[**]

【内容提要】 转型开始之后,俄罗斯和乌克兰相继出现了国家被新生的资本集团俘获的现象。随着转型的继续,在俄罗斯,国家挣脱资本集团的俘获,重新获得自主性,在乌克兰,国家则持续性地处于被资本集团俘获的状态。本文旨在对转型以来两国国家形态的不同演变路径提供统一因果解释,并发展出一种解释转型国家国家自主性强弱变化的理论框架。政治力量结构决定了俄罗斯和乌克兰"国家—资本"关系的形态和国家自主性的强弱。多元力量结构下,各政治势力为在政治竞争中获胜,不得不寻求资本集团的帮助,同其结成政经联盟;官僚集团、尤其是强力部门会采取机会主义策略,统治集团难以运用国家机器遏制资本集团,使资本集团能够夺得政经联盟的主导权,俘获国家。一元力量结构下,政治势力对资本集团需求减弱,统治集团也能更好掌控官僚集团,从而直接遏制资本集团或阻断经济资本向政治权力的转换,使国家摆脱资本集团俘获,获得自主性,甚至反向控制资本。本文通过对转型以来俄罗斯与乌克兰不同时期政治力量结构与国家自主性强弱和

---

[*] 本文获中国社会科学院青启计划资助,项目编号2024QQJH169。感谢《世界政治研究》匿名审稿专家及在成文过程中给予宝贵意见的师友,笔者文责自负。
[**] 聂俣诚,中国社会科学院俄罗斯东欧中亚研究所助理研究员。

国家形态变迁的考察，验证了这一理论框架。

【关键词】 国家自主性 国家俘获 国家—资本关系 政治力量结构 大转型

一 问题的提出

国家力量相对社会力量所表现出的形态即所谓的国家形态。具体而言，其是指一国在特定时期因"国家—社会"互动所形成的政治形态。① 资本集团深度介入政治进程与国家治理，就会出现国家俘获（state capture）现象。如果国家能独立于社会进行自我决策，确立并追求一些并非仅仅是反映社会集团之需求或利益的目标，则可被视为拥有国家自主性。

苏联解体后，俄罗斯与乌克兰经历了前期类似、后期不同的国家形态演变进程。转型初期，资本的力量在两国迅速发展壮大。"寡头干政"成为一定时期内两国政治的鲜明特征，两国陷入了国家俘获。随着转型继续，俄乌两国的国家形态朝不同方向演变。俄罗斯在普京上台后逐步恢复了国家自主性，寡头受到清算，国家反向建立起对经济场域的控制。乌克兰则出现了国家持续性地被资本集团俘获难以自拔的状态。除亚努科维奇时期国家自主性有所上升外，"橙色革命"以来的大多数时间寡头都在乌克兰政治进程和国家治理中扮演重要角色。新近上台的泽连斯基虽以"政治素人"形象示人，自称将改变寡头横行的现象，但大寡头科洛莫伊斯基正是其背后的最大推手。② 在乌克兰危机全面升级前，乌克兰一直未能摆脱国家俘获状态，国家自主性持续处于低位。

本文的研究问题正来自俄乌两国转型以来这种一度相似又最终不同的国家形态演变路径。本文试图解释，为什么转型开始之后，俄罗斯和乌克兰两国都出现了国家俘获现象，但之后一个能恢复国家自主性，另一个则长期陷入国家俘获当中？这一问题实际又包含了一系列更为具体的问题。俄乌两国作为蒂利意义上典型的"强制密集型国家"③ 苏联的继承者，为什么会被资本集团俘获？亚努科维

---

① 杨光斌：《比较政治学：理论与方法》，北京：北京大学出版社2016年版，第270页。
② Taras Kuzio, "Can Zelensky's Turn to Populism to Save Him in the Next Ukrainian Election?" https://nationalinterest.org/blog/can-zelenskys-turn-populism-save-him-next-ukrainian-election-188516.
③ 这一概念源自蒂利建立在强制和资本两重因素间关系基础上的国家类型学划分。参见查尔斯·蒂利《强制、资本和欧洲国家（公元990—1992年）》，魏洪钟译，上海：上海人民出版社2021年版。

奇时期乌克兰国家自主性有所上升的原因又是什么？从抽象的层面出发，本文的研究问题也可以被概括为，什么因素影响了俄罗斯和乌克兰国家自主性的高低？其引发的进一步理论思考是，国家自主性究竟"从何而来"？

二　文献回顾

（一）对转型以来俄罗斯与乌克兰国家、资本的研究

在经验层面，笔者目前尚未见到对本文研究问题的直接回应，比如对俄罗斯和乌克兰"国家—资本"关系的变迁路径进行比较的成果，以及综合考虑俄罗斯和乌克兰为什么会在国家自主性程度问题上先趋同后出现差异的研究成果。总的来看，经验层面的既有成果，可以被分为从国家一侧出发和从资本一侧出发的两部分。这实际上在某种程度上也代表了大转型开始以来社会科学家们对原苏联东欧转型国家研究的两波学术浪潮或两种学术路径。

"资本"一侧的文献按主题又可分为"寡头研究"与"寡头政治研究"。前者主要讨论寡头企业与寡头本人在转型国家的形成与发展，[1] 后者则主要关注这部分"与国家有着紧密、复杂关系的大资本代表"[2] 为什么，又如何在政治场与其他行为者互动，怎样影响了所在国家的政治进程和国家治理。[3]

---

[1] 代表性的成果包括：戴维·霍夫曼：《寡头：新俄罗斯的财富与权力》，冯乃祥等译，北京：中国社会科学出版社 2004 年版；Валерий Панюшкин, Михаил Ходорковский: узник тишины, Москва: Издательский дом, 2006; Ольга Крыштановская, "Бизнес-элита и олигархи: итоги десятилетия", Мир России, 2002. No 4, cc. 3 – 60; Паппэ Я. Ш., Олигархи. Экономическая хроника, 1992 – 2000, Москва: Издательский дом ГУ-ВШЭ, 2000; Паппэ Я. Ш., Галухина Я. С., Российский крупный бизнес: первые 15 лет. Экономические хроники 1993 – 2008 гг., Москва: Издательский дом ГУ-ВШЭ, 2008; Stephen Fortescue, Russia's Oil Barons and Metal Magnates: Oligarchs and the State in Transition, London: Palgrave Macmillan, 2006; Rosaria Puglisi, "The Rise of the Ukrainian Oligarchs," Democratization, vol. 10, no. 3, 2003；李秀蛟：《乌克兰著名寡头及其金融工业集团》，《国际研究参考》2015 年第 2 期。

[2] 鲍里斯·叶利钦：《午夜日记》，曹缦西等译，南京：译林出版社 2001 年版，第 105 页。

[3] 代表性的成果包括：Глазунов, В. В., "Гегемония олигархии: субъективная составляющая," Гуманітарний вісник Запорізької державної інженерної академії, 2008 No. 33, c. 95 – 110; 郝赫：《俄罗斯寡头现象分析》，北京：知识产权出版社 2009 年版；Sławomir Matuszak, "The Oligarchic Democracy: The Influence of Business Groups on Ukrainian Politics," OSW Studies, no. 42, Warsaw: Ośrodek Studiów Wschodnich im. Marka Karpia / Centre for Eastern Studies, 2012; 毕洪业：《乌克兰寡头政治体制：形成、特征及影响》，《俄罗斯学刊》2021 年第 5 期；Heiko Pleines, "Oligarchs and Politics in Ukraine," Demokratizatsiya, vol. 24, no. 1, 2016, pp. 105 – 127。

这部分研究的缺憾有二,第一,除阿斯隆德①外,其他研究基本都未对俄乌两国进行比较研究。第二,这两种研究主要从资本一侧展开对"国家—资本"关系的理解。即使是寡头政治的研究,也是将寡头干政作为自变量,考察其对政治进程和国家治理的影响。但如果不对国家本身和政治场域进行考察,就不能回答寡头为什么能够干政这一问题。

从国家一侧展开的研究主要讨论了俄罗斯和乌克兰转型开始以后的国家形态变迁、国家自主性的丧失与恢复等问题,因而与我们的研究紧密相关。平民主义、国际环境与政治强人的结合②、国家自主性观念③、强力部门的恢复和发展④等被既有研究认为是使得俄罗斯实现了从国家俘获向国家自主的转变的因素。⑤但既有研究缺乏对这些因素通过怎样的机制实现了国家自主性恢复的讨论。它们更多以国家自主性为自变量,讨论其对国家治理的影响,对国家自主性本身的"失"与"得"则未及关照。有关乌克兰的研究成果则集中于对其国家形态⑥、"国家—社会"互动特点⑦的讨论,缺憾同样是未能提供乌克兰陷入此种国家形态的因果机制。

总体上看,目前学界已有一些研究注意到了俄罗斯与乌克兰两国在转型进程中的国家形态问题,其对两国不同时期国家形态的判定也与本研究的认识相同。但这部分研究的普遍缺憾在于,其未能提供一国在不同时期内国家形态转变的因果机制,遑论涵盖俄罗斯和乌克兰两国国家形态转变的统一因果解释。这为本文留下了广泛的研究空间。

---

① Андерс Ослунд, Олигархия в Сравнении: Россия, Украина и Соединенные Штаты, Эковест, 2004, № 4, cc. 665–689.
② 杨光斌、郑伟铭:《国家形态与国家治理——苏联—俄罗斯转型经验研究》,《中国社会科学》2007 年第 4 期。
③ 庞大鹏:《观念与制度:苏联解体后的俄罗斯国家治理(1991—2010)》,北京:中国社会科学出版社 2010 年版。
④ Волков В. Силовое предпринимательство, XXI век: экономико-социологический анализ, СПб.: Издательство Европейского университета в Санкт-Петербурге, 2012.
⑤ 杨光斌、郑伟铭:《国家形态与国家治理——苏联—俄罗斯转型经验研究》,《中国社会科学》2007 年第 4 期。
⑥ 张弘:《国家形态与政治转型:乌克兰政治转型三十年评析》,《俄罗斯东欧中亚研究》2021 年第 6 期。
⑦ Serhiy Kudelia, "The Sources of Continuity and Change of Ukraine's Incomplete State," *Communist and Post-Communist Studies*, vol. 45, no. 3–4, 2012, pp. 417–428.

(二) 国家自主性何以产生

本文将转型以来俄罗斯和乌克兰的"国家—资本"关系置于国家形态理论与国家自主性理论中进行讨论,后文将另行讨论使用此种理论框架的理由。在此,我们首先回顾既有的关于国家自主性何以产生这一问题的答案,从现有研究成果看,基本可分为结构解释和情势解释两种。

结构解释认为,国家自主性来源于国家具有的某些结构性特征。首先,国家处在国际体系之中、各社会群体之上的特殊位置,拥有独特的职能,因而能摆脱社会力量掣肘。[1] 其次,作为国家组织结构基础的行政机关,尤其是暴力机关给国家带来了自主性。[2] 具体到行政组织中的官僚群体,部分学者注意到,一个拥有统一的意识形态认知、身处国家组织内部,因此能利用这一组织获得巨大的能量的官僚集团往往能为国家带来自主性。[3]

结构解释从国家——尤其是现代国家所具备的诸种结构性特征的维度阐明了国家自主性生成的基础。但结构解释相对静态,难以解释不同国家间,或同一国家不同时期国家自主性强弱的差异。斯考切波指出,国家自主性实际上的程度和影响,"都因具体的场景而异",需要从国家面临的内外环境出发进行具体分析。[4] 这就给国家自主性生成的情势解释留出了空间。

情势解释侧重于讨论国家自主性的承载者,即执政集团或官僚集团所面临的某一具体情势,怎样使他们摆脱社会集团的束缚,获得自主决策的空间。这部分学者在关注具体历史情势的同时,基本也都承认国家自主性所具有的结构基础。

新马克思主义之前的马克思主义学者对于国家自主性的产生原因,大多采取了情势解释。他们认为,各阶级在相互斗争中达到了一种势均力敌的状态,此时

---

[1] 例如普朗查斯的"制度化统一"论,曼的"领土集中"论等。参见尼科斯·波朗查斯《政治权力与社会阶级》,叶林等译,北京:中国社会科学出版社1982年版;Michael Mann, "The Autonomous Power of the State: its Origins, Mechanics and Results," *European Journal of Sociology*, vol. 25, no. 2, 1984.

[2] 西达·斯考切波:《国家与社会革命》,何俊志等译,上海:上海人民出版社2013年版,第30页。

[3] 西达·斯考克波:《找回国家——当前研究的战略分析》,载彼得·埃文斯、迪特里希·鲁施迈耶、西达·斯考克波编著《找回国家》,方立维等译,北京:生活·读书·新知三联书店2009年版,第11页。有关发展型国家国家自主性的代表性的著作包括:查默斯·约翰逊:《通产省与日本奇迹:产业政策的成长(1925—1975)》,金毅等译,长春:吉林出版集团有限责任公司2010年版;Peter Evans, *Embedded Autonomy: States and Industrial Transformation*, Princeton, NJ: Princeton University Press, 1995.

[4] 西达·斯考切波:《国家与社会革命》,第30页。

统治者就能凭借其掌握的国家机器凌驾于各方之上,获得自主。① 有的学者关注国家面临的外部环境对国家自主性的影响,认为国家面临的国际竞争和恶劣国际环境给了官僚集团克服社会势力阻碍以推动国家改革发展的动力,使国家能够摆脱社会集团的牵制与影响。② 域外大国还可能直接改变某一国家内部国家与社会间的力量对比,从而使国家实现自主。③

情势解释将国家带入具体的历史场景当中,避免了结构解释的缺陷。不过,现有的情势解释仍然为我们研究的展开留下了空间。首先,部分情势解释对因果机制的探讨存在不足,尤其往往未能将历史情势与行动者的行为逻辑挂钩。更重要的是,情势解释既然是从具体历史情势出发,就意味着现存的这些解释虽然能为我们提供线索和参考,但在相当程度上更适用于特定的历史情境。因此,当我们进入某一具体案例时,仍然需要从案例本身出发,寻找影响案例内国家的国家自主性的特定情势。

回到本文所讨论的转型后的俄罗斯和乌克兰,政治场域内部的精英斗争比阶级斗争更适合作为分析视角。一方面,两国保持着一种和苏联时期类似的,绝大多数普通民众对极少数权贵阶层、普通民众内部分化并不明显的阶级结构;另一方面,在这种阶级结构下,政治场域当中的主要参与者仍然是政治精英,民众大多数时候只是选举和街头政治斗争中被政治精英动员和操纵的客体。④ 阶级斗争是以暗线的形式出场。因此,在俄乌两国出现的不是社会群体间斗争的情势怎样使由统治精英代表的国家获得或丧失自主性,而是政治精英自身的斗争与冲突怎样影响到国家自主性的强弱。这是对经典马克思主义情势解释的"头足倒置"。具体而言,本文选取政治场域中各势力间的实力对比关系,也即政治力量结构作为解释变量。下文即具体论述本文围绕这一概念搭建起的理论框架。

---

① 马克思:《路易·波拿巴的雾月十八日》,中共中央马克思恩格斯列宁斯大林著作编译局译,北京:人民出版社2018年版;马克思:《法国的Crédit Mobilier(第二篇论文)》,《马克思恩格斯全集》中文第1版,第12卷;恩格斯:《去年十二月法国无产者相对消极的真正原因》,《马克思恩格斯全集》中文第1版,第8卷;葛兰西:《狱中札记》,曹雷雨等译,北京:中国社会科学出版社2000年版;Steve Jones, *Antonio Gramsci*, New York: Routledge, 2006.
② Tianbiao Zhu, "Developmental States and Threat Perceptions in Northeast Asia", *Journal of Conflict, Security and Development*, vol. 2, no. 1, 2002, pp. 6–29.
③ Zhao, Ding-Xin and John Hall, "State Power and Patterns of Late Development: Resolving the Crisis of the Sociology of Development", *Sociology*, vol. 28, no. 1, 1994, pp. 211–229.
④ Борис Кагарлицкий, *Реставрация в России*, М.: Эдиториал, 2000, с. 8.

三 政治力量结构与国家形态演变的基本逻辑

(一) 基本概念:国家自主性、国家俘获、政治力量结构

国家自主性与国家俘获描述的是国家力量相对社会力量所表现出的国家形态。①国家自主性是指国家独立于社会自我决策的程度。②或者说,国家可能会确立并追求一些并非仅仅是反映社会集团、阶级或社团之需求或利益的目标。③本文将统治集团视作国家自主性的承载者,即包括最高统治者在内的,掌握着国家政权的精英集团,在俄语当中则对应"власть"(权力、政权)一词。④ 国家自主性并非国家内在的固有属性,其可以被获得也可以失去,在不同时期内的水平高低也有所不同。本文力图解释的正是影响国家自主性水平的具体因素。⑤

国家俘获描述的是与国家自主截然相反的一种状态。这一概念来自规制经济学中的"监管俘获"(regulatory capture),即一个本应对私人利益进行监管的国家机构反而被其监管的私人利益控制。⑥海尔曼和考夫曼结合转型国家的现实,

---

① 杨光斌:《比较政治学:理论与方法》,第 270 页。
② 朱天飚:《比较政治经济学》,北京:北京大学出版社 2006 年版,第 95 页。
③ 西达·斯考克波:《找回国家——当前研究的战略分析》,第 10 页。
④ 有关国家自主性的承载者,一般有官僚集团和统治集团两种观点。前者多见于发展型国家理论,后者则为传统的马克思主义所秉持,斯考切波在《国家与社会革命》一书中也选择了后者。本文选择统治集团的理由有二。第一,被认为中立、高效的官僚集团在进行政策制定时,并不是自主的,而是要受到统治集团意识的影响。(参见康灿雄《裙带资本主义——韩国和菲律宾的腐败与发展》,李巍等译,上海:上海人民出版社 2017 年版,第 3—7 页。) 第二,具体到俄乌两国,在剧烈动荡的转型时期,显然是统治集团而非官僚集团的意志更多地作为国家意志体现出来。
⑤ 有两点值得专门进行说明:第一,国家自主性还分为广义和狭义两种。广义的国家自主性不仅考察国家能否抵御国内各种社会势力和集团的压力,还关注国家在国际体系内能否自主地行动,抵御国际体系内其他行为体的压力。本文在狭义的意义上使用国家自主性这一概念,不考虑国家在国际体系内活动的自主性问题。第二,国家自主性是一个相对中性的概念。这一概念强调的是国家能够排除社会势力的干扰,独立地做出决定,但这并不一定天然地与良好的治理绩效挂钩。国家自主性与治理绩效呈现出怎样的关系,取决于国际国内因素为国家自主性的承载者,在本文中即执政集团设置了怎样的激励结构。当善治与执政集团自身政治、经济利益一致时,由此产生的激励结构将使得拥有自主性的执政集团产出有助于社会经济发展的政策,从而带来善治的结果。反之,执政集团这种不受社会力量束缚的自主性完全可能使国家陷入劣治之中,甚至沦为掠夺型国家。
⑥ George Stigler, "The Theory of Economic Regulation," *The Bell Journal of Economics and Management Science*, vol. 2, no. 1, 1971.

进一步提出了"国家俘获"的概念。① 在当代的学术实践中，国家俘获这一概念往往被用来描述一国的政治进程和国家治理受到来自资本力量的强烈影响，执政集团产出基于资本集团利益的政策甚至规则的状况。② 在现代国家，经济集团的游说是正常的现象。但在国家俘获状态中，资本集团的游说并非通过制度化的渠道，且对经济秩序起着破坏性作用。资本集团所图则是持续性地介入国家治理和政治进程当中，对权力的产生甚至国家发展方向施加影响。

国家俘获这一概念原本就被用于理解苏东转型国家的"国家—资本"关系。从"国家—资本"关系的角度理解国家自主性，则需要进行专门的说明。国家自主性这一概念来自"国家—社会"关系理论，国家—资本关系则从属于广义的国家—社会关系。资本集团只是试图干预和影响国家的社会力量之一。但从俄乌两国的实际情况看，在苏联时期，几乎所有资源都被集中在国家手中，社会受到压制。苏联解体后，除资本以外的社会一端在俄乌两国也未能得到充分发展，没有形成足以对国家构成牵制的阶级和社会集团。而资本一方则在转型进程中异军突起，成为足以同国家抗衡的、影响国家自主性的力量，"国家—资本"关系因此成为决定两国国家自主性的关键矛盾。因此，本文以"国家—社会"关系大框架中的"国家—资本"关系为主要着眼点，对转型以来俄乌两国国家俘获和自主问题展开研究。

通过上文对国家自主性与国家俘获定义的讨论，我们可以发现，国家俘获和国家自主这两种国家形态的关键差异，在于其政治进程与国家治理是否受到某一社会集团直接、强烈的干预。因此，在本文的研究当中，我们分别选取以下指标作为判定国家处于俘获或自主状态的标准。首先，在政治进程方面，资本集团是否能够强烈影响甚至决定重要职位（重要部长及副总理以上的高级官员）的人事任免；资本集团是否构成统治者维持统治的关键力量。而在国家治理方面，资本集团是否能够使统治者产出有利于己的政策，或阻止统治者出台不利于己的政

---

① Joel S. Hellman, Geraint Jones, and Daniel Kaufmann, "Seize the State, Seize the Day: State Capture and Influence in Transition Economies," *Journal of Comparative Economics*, vol. 31, no. 4, 2003, p. 756.

② 值得说明的是，国家俘获这一概念可能会被不同学者赋予完全不同的含义。在齐马拉—布塞广为人所征引的一篇讨论欧亚国家的国家俘获现象的文章中，他就把国家俘获定义为官员利用国家资源为个人利益服务。本研究不采用这样的定义，特此说明。参见 Anna Grzymala-Busse, "Beyond Clientelism: Incumbent State Capture and State Formation," *Comparative Political Studies*, vol. 41, no. 4–5, 2008, pp. 638–673。

策或直接进行打击。

政治力量结构是本文提出的理论框架的解释变量，指的是政治场域中各政治势力间的实力对比关系。政治力量结构可以被分为一元与多元两种。一元政治力量结构指的是政治场域当中，一股政治势力的实力压倒性地强过其他政治势力，其他政治势力基本无法在包括选举、街头斗争等各种形式的政治竞争和政治斗争中撼动处于主导地位的那一股政治势力的地位。多元力量结构则反之。政治力量结构在整个因果链中实际上是一个中介变量，各种其他因素通过这一变量对国家自主性的强弱产生影响。

有关政治场域当中力量结构多元或一元的判定，总统选举与中央层面的议会选举结果无疑是最为直接明晰也最简便易行的指标。在不存在街头斗争、政变等非制度性的、烈度较高的政治竞争形式的情况下，总统选举和议会选举是一国主要且最为重要的政治竞争形式。政治场域中的力量结构能够通过选举结果得到最为集中的展示。当然，其他一些指标和具体历史情势也可以为我们评估政治场域的力量结构提供帮助。例如，在屡屡以非正常方式推翻现政权的乌克兰，社会运动和街头斗争的实际情况，特别是在其中得到体现的各政治势力的动员能力，也能够为我们衡量其背后的政治场域力量结构提供参考。不过，需要承认的是，政治力量结构的性质更像是一个从一元到多元的连续统，很难给出一个量化维度的精细、明确、具体的标准，更多依赖的仍是定性分析。不过，既有的相关学术作品对俄乌两国政治场域的力量结构特性基本有着共识性的认识。这为我们的判断提供了相对坚实的基础。

政治力量结构与是不是西式民主政体或所谓"权威体制"、混合政体（hybrid regime）等非西式民主政体等并无直接的联系，其衡量的是政治场域中的力量对比而非政治制度本身。西式民主国家可能出现近似一元力量结构，而在所谓"权威体制"和混合政体中，同样可能出现多元力量结构，即现政权面对着强有力的、能够对其执政地位构成威胁的反对派。[①] 因此，政治力量结构的一元或多元特性不能简单地与西式民主或非西式民主政体对应起来。

---

① 前者的典型案例是日本，日本是实行西式民主制度的国家，但自民党长期以来把控着日本政坛，在战后败选的次数凤毛麟角，绝大多数时期相较反对派拥有巨大优势。而后者仅在欧亚地区，就有诸如吉尔吉斯斯坦、库奇马时期的乌克兰等典型案例。

（二）作为理论框架前提的大转型

本文基于转型以来俄罗斯与乌克兰"国家—资本"关系提出的理论框架，有其成立的前提，即苏联遗产和大转型给俄罗斯和乌克兰两国带来的一些共同的结构性特征。而这些与大转型这一极其特殊的历史情境紧密相连的特征实际也限定了本文所提出理论框架的适用条件。

俄罗斯与乌克兰的第一重结构性特点，在于它们都继承了苏联遗留下来的强国家机器。但同时，由于苏共的瓦解，各国的政治精英在转型后的一段时间内丧失了驾驭这台机器的能力。苏共垮台为新生的欧亚转型国家带来了双重影响。一方面，戈尔巴乔夫改革的重点是调整苏联共产党和国家的关系，苏联强大的国家机器基本保留了下来。但另一方面，苏联共产党这个苏联权力网络的神经中枢被摧毁。各新独立国家的统治集团发现，尽管原先全能型国家的物质和制度基础几乎没有受损，但却缺乏将这个体系的各个部分再重新组织起来的手段。在20世纪90年代，从中央部委到地方政府再到军警等暴力机关，公然违背统治者命令的情况时有发生。统治集团内部也常进行公开的对抗。正如卢肯·韦所说，苏联共产党这个"将整个体系维系在一起的凝聚力源泉已经消失。戈尔巴乔夫把这个历史上最具凝聚力的体制之一变成了一群为短期的权力和租金展开争夺的高度原子化的行动者的无组织集合"①。

俄罗斯与乌克兰的第二重结构性特点是，资本集团在大转型过程中的骤然兴起，以及其与国家机器失控相结合造成的政治场域与经济场域之间的贯通状态。

全能主义体制的瓦解②以及随之而来的大转型使得原先由国家垄断的经济资源大规模转移到私人手中。资本集团在大规模私有化中的迅速形成产生了两方面影响：首先，政治精英和新崛起的经济精英之间彼此缺乏在新条件下互动的经历，双方对各自行为的边界都处于摸索阶段；③ 其次，转型期间国家内部的混

---

① Lucan Way, *Pluralism by Default: Weak Autocrats and the Rise of Competitive Politics*, Baltimore: Johns Hopkins University Press, 2015, p.34.

② 值得一提的是，这种全能主义体制的瓦解主要来源于政治精英的选择。当时资本的力量尚处于萌芽阶段，因此对苏联一元政治力量结构的打破基本没有起到作用。参见 Владимир Гельман, Авторитарная Россия: Бегство от свободы, или Почему у нас не приживается демократия, М.: Альпина Паблишер, 2021, Глава 2。

③ Глазунов, В.В., Гегемония олигархии: субъективная составляющая, Гуманітарний вісник Запорізької державної інженерної академії, 2008 №.33, с.97

乱、国家能力的大幅下降，加上资本集团的迅速崛起，导致转型国家往往缺乏规范政治与经济场域之间资本形式相互转化的有关制度，即使建立起相关制度，往往也因统治者对官僚集团掌控力的下降而难以得到有效实施。这就使政治场域与经济场域处于一种贯通状态。政治权力和经济资源可以顺畅、低损耗地，甚至未经重新形塑地进行兑换。①

俄罗斯和乌克兰的这两重结构特点是本文理论框架得以成立的前提，关于其怎样限定了本文理论框架的运用范围，我们在下文进行详细讨论。

（三）政治力量结构特性与转型国家的国家形态

本理论框架的核心观点是，政治力量结构决定了国家相对资本集团的状态，换言之，国家自主性的强弱。多元力量结构会导致国家自主性丧失，国家被资本集团俘获。一元力量结构能够让国家摆脱资本集团俘获，重新获得自主性。

政治力量结构决定国家形态演变和国家自主性强弱的具体机制如下。多元力量结构中，统治精英面对着强有力的、完全有可能通过政治竞争上台的反对派。这种政治前景的不确定性，会使官僚集团因为担心政权更迭后的反攻倒算而采取机会主义策略，不会全心全意地为执政集团效劳，使执政集团难以有效地掌握国家机器，也无法利用苏联遗留下来的强国家机器所蕴含着的巨大潜能。② 而对反对派来说，他们认为己方有望击败执政集团。因此，执政集团和在野集团都致力于寻找盟友，增强实力，以期击败对方。而在转型过程中获得了国家转移的巨量经济资源的资本集团自然成为他们寻求帮助的首要对象。由于是政治力量主动地、有意识地将身处经济场域的资本集团的力量引入政治场域，与其结成政经联盟，这就使资本集团的经济实力可以迅速且损耗极低地兑换为在政治场域中的影响力。如果执政集团仍然不能消除自身面临的政治压力，或其统治更深地依赖资本集团提供的各种资源，政治势力与资本集团的关系就会由相互勾结进一步转为被俘获，政经联盟的主导权落入经济精英一方，国家无力抵御社会势力的影响，

---

① Владислав Иноземцев, "Что случилось с Россией? От скоротечной перестройки к нескончаемому путинизму," Неприкосновенный запас, 2010, № 6.

② Lucan Way and Steven Levitsky, "The Dynamics of Autocratic Coercion After the Cold War," *Communist and Post-Communist Studies*, vol. 39, no. 3, 2006, pp. 387–410; Barbara Geddes, Joseph Wright and Erica Frantz, *How Dictatorships Work: Power, Personalization, and Collapse*, New York: Cambridge University Press, 2018, p. 200.

进而导致国家自主性的丧失。

如果政治场域的多元力量结构持续,执政集团和在野集团始终无法取得对对方的绝对优势,他们就不得不持续性地寻求资本集团的帮助,从而无法摆脱对资本力量的依赖。不明朗的政治前景也会使官僚集团继续采取机会主义策略,使执政集团难以运用国家机器遏制资本集团的影响。同时,在多元政治力量格局下,资本集团的政治投资往往呈现分散型格局,执政集团和被认为有可能上台的在野集团都可能获得来自资本集团的支持,多元力量结构因此更容易得到维系,进而形成一种恶性循环。即使发生政权更迭,也只会出现资本集团内部权力格局的重组和洗牌,资本俘获国家的"国家—资本"关系本身不会被颠覆。

如果由于某些原因,政治力量结构由多元变为一元,"国家—资本"关系就会发生变化。① 具体机制是,一元政治权力格局中,一股政治势力(通常是执政集团)取得了相对其他政治势力的绝对优势,反对派不再构成威胁。在这种情况下,一方面,官僚集团面对一个能够稳固执政的统治集团,不再采取机会主义策略,这就使统治者能够更好地掌控和运用国家机器。另一方面,由于已经在政治场域取得了绝对优势,同时,在欧亚国家的语境中,这种绝对优势往往意味着执政集团能通过政治手段进一步巩固自己的优势地位,执政集团对资本集团的需求将大为减弱,执政集团由于掌控国家机器,既可以提升资本集团手握的经济资本向政治资本的转化成本,甚至直接阻断这种资本间的"兑换"过程,也可以对资本集团进行直接的打压,使政经联盟的主导权重归政治精英一方,甚至直接拆散原先形成的联盟,从而摆脱资本集团对国家的俘获,重新获得自主性,乃至彻底扭转"国家—资本"关系。

---

① 在本文所讨论的俄罗斯普京时期这一案例中,政治力量结构从多元转为一元与第二次车臣战争突然爆发以及时任总理普京的上佳表现这一外生冲击有着紧密联系。2000 年的总统大选实际成为一个"关键节点",第二次车臣战争是其许可性条件,使得原先对政权极端不利的政局被扭转。而在恩庇政治中,各政治势力对某一领导人政治前景的预期能够深刻影响该国政治进程,普京在第二次车臣战争和总统大选中的上佳表现无疑塑造了政治势力的预期,进而使其更容易建立起自己的庇护网络。而几乎同期,库奇马因"磁带门"事件这一外生因素冲击而民望暴跌,进而在 2004 年"橙色革命"中发生政权更迭。庇护网络的建设需要时间和资源的大量投入,普京能够利用叶利钦遗留下的旧庇护网络,而政权更迭后上台的"橙色联盟"则需从头建设属于自己的庇护网络,"橙色革命"中两方势均力敌的选情也使各势力并不能形成对某一领导人政治前景的清晰预期,因此难以像普京上台后一样推动政治力量结构向一元方向发展。同时,乌克兰的族群问题接替了转型问题成为新的动员议程,而其政治场域抵御外部干预的能力也远低于俄罗斯,这两个因素使因外生冲击而在"关键节点"走向不同发展方向的政治力量结构更容易延续下去。

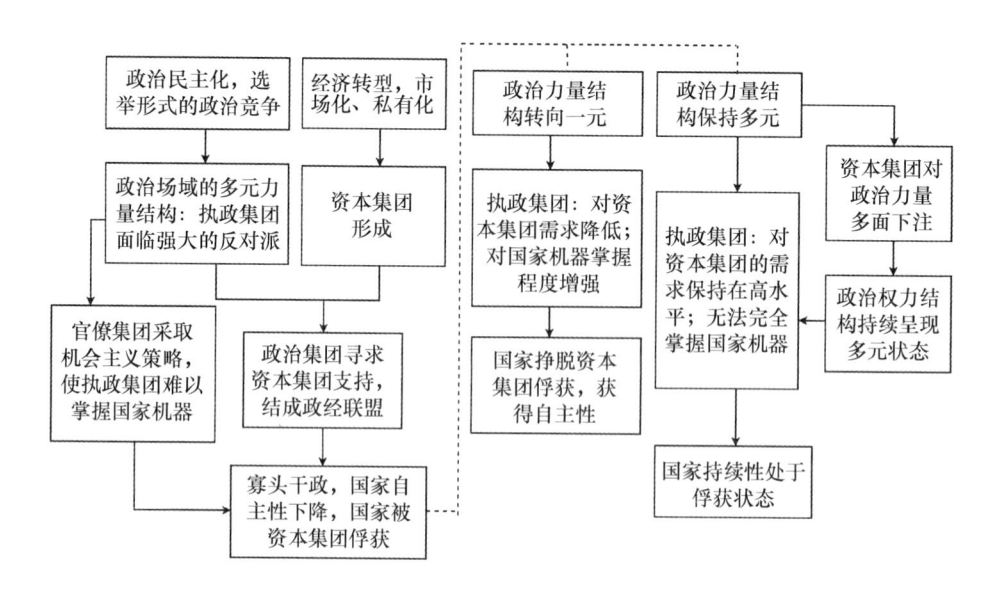

图 1　政治力量结构与转型国家的国家形态演变

正如前文已经点明的那样，本文提出的理论框架适用于那些具有未被充分利用的强国家机器的物质和结构基础，同时政治场域与经济场域间处于贯通状态的国家。强国家机器主要与国家自主性在一元化政治力量结构状态下的生成有关。即一俟政治力量结构转向一元，出现了一个有凝聚力的执政集团，其就能利用强国家机器摆脱资本集团的俘获，甚至反向对其进行规制。而在那些不具有强国家机器基础的国家，虽然某一政治势力有可能在资本集团的支持下逐渐取得对其他政治势力的优势，但仍难以在短时间内摆脱对资本集团的依赖。

资本集团的骤然兴起及政治场域与经济场域的贯通性这一前提条件则可以回应一些较为成熟的先发西式民主国家虽然有着多元政治力量结构，但显然并未陷入国家俘获状态的质疑。在这些国家，尽管资本集团同样参与政治，但由于资本集团与现代国家相伴而生，双方在互动的过程中产生了相对成熟的制度规范，从而使资本集团对政治的参与被限定在一定的范围之内，不会出现资本集团直接介入政治进程和国家治理当中的情况。本文在此并非想否定资本集团对西式民主国家的国家治理和政治进程的巨大影响，本文想强调的是，在这些国家，资本集团尽管力量强大，但这种经济场内的力量并不能直接地转化为对政治场的影响力，而是要经过以各种各样的监管部门和一整套法律法规为集中体现的布迪厄语境中

"特定中介环节"的"重新形塑"①。换言之,资本权力并不能"随意"和"无障碍"地转化为政治权力,从而造成一种"权力失序"状态。② 这也正是这些国家虽然有着多元的政治力量结构,却仍然能够保持国家自主性的重要原因。

四 案例研究

本部分将通过对转型以来俄罗斯和乌克兰国家—资本关系的变化和国家形态演变的考察,验证我们的理论框架。直观地看,本研究包含着两个案例,即转型以来俄罗斯和乌克兰各自的"国家—资本"关系和国家形态变迁路径。但由于亚努科维奇时期乌克兰政治力量结构和国家自主性水平发生的变化,本研究实际内含四个案例:普京时期的俄罗斯(2000—2012年),叶利钦时期的俄罗斯(1995—1999年)、库奇马和尤先科执政时期的乌克兰(1994—2010年),亚努科维奇时期的乌克兰(2010—2014年)。

本研究采取最相似系统设计,遵循在总体相似性的基础上观察关键差异性的基本逻辑。③ 俄罗斯和乌克兰有着共同的历史源头,从1654年到1991年一直处于同一个国家的直接管辖中,有着高度接近的历史文化传统。④ 两国同为转型国家,处于同样的历史语境中。政治上,两国继承了同一套苏联遗留的国家机器;经济上,俄罗斯的欧洲部分与乌克兰有着高度相似的产业结构。这已经为本研究排除了相当多的竞争性解释。可能的质疑主要来自三方面:一是俄乌两国在体量与国际地位方面的巨大差异;二是族群或"国家性"(statehood)方面的差异,即俄罗斯已完成民族—国家建构,而乌克兰未完成,俄罗斯是一个有着长期历史、文化和思想传统的独立国家,乌克兰是长期处于被宰制状态的非正式政治体;三是转型后两国政治体制的差异,即俄罗斯是"超级总统制"、两院制议

---

① 皮埃尔·布迪厄、华康德:《实践与反思:反思社会学导引》,李猛等译,北京:中央编译出版社2004年版,第144页。
② 袁超:《权力失序与政治衰败:基于泰国、埃及和乌克兰的政治过程分析》,《比较政治学研究》2017年第2期,第48页。
③ 高奇琦:《从单因解释到多因分析:比较方法的研究转向》,《政治学研究》2014年第3期,第9页。
④ 值得说明的是,这样的论述并不是要否认俄罗斯与乌克兰在历史文化上所具有的差异性。我们想说明的只是,作为比较对象,俄罗斯与乌克兰在历史文化上的差异,显然要低于两国各自同其他可能被用来比较的国家,例如俄罗斯与哈萨克斯坦乃至法国、乌克兰与吉尔吉斯斯坦乃至瑞士间的差异。

会，乌克兰则是半总统制、一院制议会等。

本文认为，俄乌两国在国际地位和族群或曰"国家性"方面的差异，的确会对两国的"国家—资本"关系造成影响。科济列夫的"亲西方"外交结束之后，俄罗斯重新回到"强国主义"外交路线，追求大国地位和俄罗斯的国际影响力。这给俄罗斯带来了同欧亚地区其他国家不同的特殊压力，① 这使俄罗斯的统治精英和大部分民众形成了追求强国家的理念，并因此深刻形塑了俄罗斯精英对政治利益与政治价值的认知，进而使政治力量结构向一元方向发展的趋势更容易得到延续和维持。而乌克兰既不面临这种大国地位带来的压力，又长期在俄罗斯和西方—欧洲间徘徊，精英缺乏国家发展道路的共识，导致其更容易受到外部干预。这种干预使政治场域中没有哪一方能取得绝对优势，使得乌克兰始终不会出现一边倒的政治格局，多元力量结构得以长期维系。但这种外部干预需要有其国内政治基础，即具有一定实力的合作对象或是代理人，否则外部势力也难有抓手。② 族群分裂与之类似，即族群分裂为政治场域提供了转型议程消退后新的动员议程，从而使多元政治力量结构更易维系。综上，国际地位和族群或曰"国家性"方面的差异在相当程度上仍是通过政治力量结构这一本文的解释因素的中介而发挥作用，因而不构成替代性解释。但对这些因素更为深入细致的考察，将是未来研究可以努力的方向。

至于政治体制的差异，本文认为，首先，制度设计受到政治力量结构的强烈影响和制约。至少在初始阶段，制度安排本身需要其同得以支撑的力量结构存在基本的匹配关系。③ 乌克兰从总统议会制到议会总统制的反复更替，本身即是多元政治力量结构的一个表现。其次，随着时间的推移，制度安排可能反向对力量结构形成影响，在乌克兰体现为使已经形成的多元力量结构在没有外生冲击的情况下得以长期维系。这仍然在本文的因果机制内，因此并未构成竞争性解释。

---

① 柳丰华：《当代俄罗斯外交：理论兴替与政策承变》，《俄罗斯东欧中亚研究》2022年第4期，第64—65页。

② 正如"民主促进"的行家里手麦克福尔所坦陈的那样，"除了极少数的例外，国内演员主导着政权更迭的戏剧；外部行为者只能通过与这些国内行为者合作并通过这些行为者来影响结果"。参见 Michael McFaul, "Ukraine Imports Democracy: External Influences on the Orange Revolution," *International Security*, vol. 32, no. 2, 2007, pp. 45–83。

③ 唐世平：《制度变迁的广义理论》，北京：北京大学出版社2016年版，第63—71、101页。

(一) 俄罗斯叶利钦时期 (1995—1999 年)

叶利钦时期，俄罗斯呈现出典型的多元政治力量结构。正是政权面对的巨大压力使资本集团得以进入政治场域，并进一步俘获了国家。

叶利钦第一任期面对着一个以俄共为核心的强有力的左翼反对派。1993 年 2 月，俄共恢复活动，成为俄罗斯规模最大且极富有组织性的政党。1994 年开始的第一次车臣战争引发了严重的政治危机，叶利钦支持率一度跌至 5%。① 在这样的背景下，俄共一举占据了 1995 年选出的第二届国家杜马②三分之一以上的席位，而支持叶利钦的政权党"我们的家园——俄罗斯"仅获 55 席，反对派一方的力量大大上升。叶利钦感觉自己"处于政治上完全孤立的状态"③。1996 年初，几乎没有观察家认为叶利钦能够在一场公平公正的总统选举中获胜。④ 政权内部一度计划武力解散议会，推迟总统选举。⑤ 执政集团陷入了空前的危机当中。

巨大的政治压力迫使执政集团寻求帮手，通过私有化迅速成长起来的资本集团因此进入叶利钦政权的视线。资本集团同样十分担心左翼反对派上台掌权后己方的财产和人身安全。⑥ 因此，双方有着极强的共同利益。在执政集团的邀请下，寡头势力跃出经济场域，开始将自己拥有的经济资本向政治场域投射和延伸。

1996 年 2 月，"七寡头"⑦决心采取行动干预政治进程，阻止久加诺夫当选。资本集团撤换了叶利钦原先的竞选团队，全面接管其竞选事务。⑧ 资本集团采取了提供经济支持、提供新闻媒体和政治技术支持⑨等多种手段为其助选。最终，叶利

---

① Владимир Гельман, *Авторитарная Россия*: *Бегство от свободы, или Почему у нас не приживается демократия*, М.: Альпина Паблишер, 2021, с. 138.
② 根据相关规定，1993 年选出的第一届国家杜马的任期为两年。
③ 鲍里斯·叶利钦:《午夜日记》, 第 19 页。
④ Michael McFaul, "Russia's 1996 Presidential Elections," *Post-Soviet Affairs*, vol. 12, no. 4, 1996, p. 318.
⑤ 鲍里斯·叶利钦:《午夜日记》, 第 28—29 页; Михаил Зыгарь, *Все свободны: История о том, как в 1996 году в России закончились выборы*, М.: Альпина Паблишер, 2021, с. 163.
⑥ 参见克里斯蒂娅·弗里兰《世纪大拍卖：俄罗斯转轨的内幕故事》, 刘卫等译, 北京：中信出版社 2004 年版, 第 175 页。
⑦ 即联合银行总裁别列佐夫斯基、大桥银行总裁古辛斯基、国际商业银行总裁维诺格拉多夫、首都储蓄银行总裁斯摩棱斯基、阿尔法银行总裁弗里德曼、梅纳捷晋银行总裁霍多尔科夫斯基、俄罗斯信贷商业银行总裁马尔金。
⑧ Lilia Shevtsova, *Yeltsin's Russia: Myths and Reality*, Washington, D. C.: Carnegie Endowment for International Peace, 1999, p. 187.
⑨ Михаил Зыгарь, *Все свободны: История о том, как в 1996 году в России закончились выборы*, с. 231; Lilia Shevtsova, *Yeltsin's Russia: Myths and Reality*, p. 191; Timothy Colton, *Yeltsin: a life*, pp. 360–365.

钦以第一轮35.28%对32.04%、第二轮53.8%对40.3%的得票率艰难地战胜了俄共候选人久加诺夫。这一选举结果本身再一次印证了这一时期俄罗斯政治场域中的多元力量格局，以及执政集团所面临的巨大政治压力。

政治场域的多元力量结构在叶利钦第二任期得到了延续。尽管左翼反对派在总统选举中以微弱劣势落败，但其以自身占优势的第二届国家杜马为主要阵地，给叶利钦政权制造了相当的麻烦。叶利钦的总理提名和施政措施在这一时期多次被国家杜马否决。1998年3月，叶利钦突然将总理切尔诺梅尔金解职，此后一年多的时间内四易总理。4月金融危机爆发，俄罗斯进入政治危机与经济危机交织的时期。政权外的反对派力量则借机起势。1999年8月，由民望甚高的前总理普里马科夫挂帅，拥有大批重量级政治家的"祖国—全俄罗斯"竞选联盟横空出世，给政权带来极大压力。最终，由于普京在第二次车臣战争中的出色表现，以及资本集团的全力支持，政权党"团结"成为第三届国家杜马的第二大党。俄共仍然是议会第一大党，"祖国—全俄罗斯"则与"团结"席位接近。这种鼎足之势清晰地展现出这一时期俄罗斯政治场域的多元力量结构和中央政权对左翼反对派、对地方政权这两对政治场中的核心矛盾。

由于政治场域多元力量结构的延续，叶利钦政权仍然需要依靠资本集团的支持以维系统治，同反对派抗衡。因此，这一时期资本集团得以深度介入政治进程和国家治理，俄罗斯陷入了国家俘获状态。部分寡头在叶利钦胜选后入阁，[1]叶利钦还建立了同资本集团举行磋商的会议机制。[2]此外，资本集团还通过多种渠道间接干政。[3]

资本集团干预了这一时期一系列重要的人事安排。基里延科、普里马科夫、斯捷帕申和普京四任总理的任免背后都有寡头的影响。[4]除此之外，副总理丘拜斯、央行行长杜比宁、总统办公厅主任沃洛申等一系列重要人事任免都被认为与

---

[1] 波塔宁被任命为第一副总理，别列佐夫斯基被任命为负责经济问题的联邦安全会议副秘书。

[2] Hans-Henning Schroder, "El'tsin and the Oligarchs: The Role of Financial Groups in Russian Politics Between 1993 and July 1998", *Europe-Asia Studies*, vol. 51, no. 6, 1999, pp. 970–971.

[3] Timothy Colton, *Yeltsin: a Life*, p. 376.

[4] Paul Klebnikov, *Godfather of the Kremlin: Boris Berezovsky and the looting of Russia*, New York: Harcourt, 2000, pp. 291–296；海运、李静杰总主编、海运分卷主编：《叶利钦时代的俄罗斯·政治卷》，第170—173页; Lilia Shevtsova, *Putin's Russia*, Washington, D.C.: Carnegie Endowment for International Peace, 2005, p. 7.

寡头的运作有紧密联系。①

表1　　　　　　　　　　叶利钦时期国家杜马选举结果

1993年			1995年			1999年		
政党	比例代表制得票率（%）	总席位	政党	比例代表制得票率（%）	总席位	政党	比例代表制得票率（%）	总席位
自由民主党	22.9	64	俄罗斯共产党	22.3	157	俄罗斯共产党	24.29	110
俄罗斯选择联盟*	15.5	70	自由民主党	11.18	51	"团结"联盟*	23.32	74
俄罗斯共产党	12.4	48	我们的家园—俄罗斯*	10.13	55	"祖国—全俄罗斯"	13.33	66
其他**	——	173	其他**	——	187	其他**	8.52	200
总额	——	450	总额		450	合计		450

* 政权党。

** 含其他进入比例代表制部分的政党和单名制选区的其他政党候选人和独立候选人。

资料来源：William A. Clark, "The Russian State Duma: 1993, 1995, and 1999," *Problems of Post-Communism*, vol. 46, no. 6, 1999；海运、李静杰总主编、海运分卷主编：《叶利钦时代的俄罗斯·政治卷》，第92页。

资本集团干预了这一时期一系列重要政策，特别是经济政策。在1996年大选中支持叶利钦的寡头普遍通过政府低息贷款、行业准入、对国有企业的兼并等各种形式获得了巨大的经济回报。同时，这一时期一系列经济政策，甚至为应对金融危机采取的紧急措施，凡是有违寡头利益，都会遭到强力阻击，难以施行。基里延科以来的三任总理都试图通过强化税收纪律、对寡头及其企业进行司法调查等方式，遏制资本集团的经济和政治影响力，但均无功而返，并以自身在资本集团攻击下黯然下台而告终。

---

① 鲍里斯·叶利钦：《午夜日记》，第198，201—202页；Hans-Henning Schroder, "El'tsin and the Oligarchs: The Role of Financial Groups in Russian Politics Between 1993 and July 1998," *Europe-Asia Studies*, vol. 51, no. 6, 1999, p. 978。

这一时期政权难以反制资本集团，摆脱国家俘获状态的原因，一方面在于执政集团面对政治场域中强大反对派带来的政治压力，不得不仰赖资本集团的帮助，只能仰人鼻息，最多只能对个别寡头进行打击（这种打击往往也是寡头间的内斗）；另一方面，执政集团晦暗不明的政治前景，以及其自身的分裂，也使得其难以充分掌握包括强力部门在内的国家机器。而当基里延科等改革派试图动用强力部门对寡头进行调查时，寡头往往能通过政权内亲寡头势力或与其有紧密联系的另一强力部门进行反制。联邦安全局局长科瓦列夫和总检察长斯库拉托夫的倒台即为例证。

（二）俄罗斯普京时期（2000—2012 年）

普京第一任期结束时，俄罗斯的政治场域基本形成了一元力量结构，"国家—资本"关系也随之发生变化，有心干政的寡头都受到打击，退出了政治场域，使国家挣脱了资本集团的俘获。同时，俄罗斯通过再国有化、巨型国有企业建设等手段，逐步建立起带有国家资本主义色彩的经济体制，从而实现了对资本集团的控制。

普京受命于经济危机和政治危机交织、左翼反对派和以地方领导人为主干的中派反对派同时对政权构成威胁的危难时刻。但普京在第二次车臣战争中的上佳表现大大改善了政权被动局面。第三次国家杜马选举后，叶利钦辞职，提前举行总统选举，打乱了反对派的部署。中派反对派选择站到政权一边，普京得以在第一轮就当选总统。从车臣战争到 2000 年总统大选，普京已经逐步展现出其强大的控局能力。叶利钦时期的中派反对派在普京上台后不久就被吸纳，形成强大的政权党统一俄罗斯党（以下简称统俄党）。[1] 随着转型的深入，特别是普京政权采取措施缓解转型带来的后果，转型议程也逐渐淡化，反对派失去了最主要的动员工具。原先较有实力的反对派开始向"体制内反对派"转变，而坚持真正反对派立场的政治势力则在政权行政力量打压下逐渐被边缘化，难以构成威胁。[2]

2003 年国家杜马选举和 2004 年总统选举的结果清晰地展示出俄罗斯政治力

---

[1] Ora John Reuter, *The Origins of Dominant Parties: Building Authoritarian Institutions in Post-Soviet Russia*, New York: Cambridge University Press, 2017, p. 128.

[2] Vladimir Gel'man, "Political Opposition in Russia: A Dying Species?", *Post-Soviet Affairs*, vol. 21, no. 3, 2005.

量结构的变化。2003年国家杜马选举中,加上之后加入统俄党党团的独立候选人,统俄党总席位超过300个,形成了三分之二的宪法多数。① 叶利钦时期反对派力量占多数的格局被彻底扭转。2004年的总统选举中,普京得票71.31%,排名第二的俄共候选人得票率仅为13.69%②。俄罗斯政治场域当中已经不存在能对政权构成实质性威胁的力量,呈现出一元的政治力量结构。

表2　　　　　　　　　　第四届国家杜马选举结果

政党	比例代表制得票率/%	比例代表制席位	单席位选区席位	总席位
统一俄罗斯党	37.57	120	103	223
俄罗斯共产党	12.61	40	12	52
俄罗斯自民党	11.45	36	0	36
祖国党	9.02	29	8	37
其他	—	—	102	102
合计	—	—	225	450

资料来源:俄罗斯中央选举委员会网站,http://gd2003.cikrf.ru/。

政治精英的正面预期,加之自身的强力集团背景,使普京对国家机器,尤其是暴力机器的掌控能力远胜过叶利钦。以国家机器为后盾,普京在上台前后逐步提出了"国家—资本"关系的"等距"原则:寡头必须退出政治场域,政权可以为其提供产权保护,如果继续干政,就不要怪执法机构对其进行高度政治化的打击。③

当时的俄罗斯首富霍多尔科夫斯基在"等距"原则确立后仍我行我素。他将对政治场域施加影响的主战场放在了国家杜马和地方政府。在地方,他们扶持与自身关系密切的候选人竞逐地方行政长官,在国家杜马,他则投入巨资,资助

---

① Richard Sakwa, *Putin: Russia's Choice* (second edition), New York: Routledge, 2008, p.183.
② 俄罗斯中央选举委员会网站,http://pr2004.cikrf.ru/。
③ "等距"原则在2000年普京在总统大选前与选举代理人的一次会面中首次被提出,并在当年7月与主要企业家和银行家的会面中被重申。参见 "Вступительное слово на встрече с доверенными лицами," http://www.kremlin.ru/events/president/transcripts/24146; "Равные возможности для всех," https://www.ng.ru/politics/2000-02-29/3_equal.html; "Олигархов в Кремле совсем обнулили," https://www.kommersant.ru/doc/154224; Андрей Денисов, "Теория и практика равноудаленности," http://www.vremya.ru/2004/41/4/93472.html.

党派和议员。据信第三届国家杜马有 100 名议员受霍氏影响,几个关键委员会也在其控制下。① 霍氏还试图干预第四届国家杜马选举和 2004 年总统选举。时任总理卡西亚诺夫后来回忆称,这正是普京决心清除霍氏的原因。② 2003 年 10 月,霍多尔科夫斯基被捕,后被判处 9 年徒刑。尤科斯公司被判破产,旗下产业被国有企业俄罗斯石油公司通过皮包公司吞并。

霍多尔科夫斯基被捕意味着叶利钦时期的旧寡头全部退出政治舞台,寡头资本主义时代结束。普京通过对霍多尔科夫斯基这样一个实力与独立性最强的寡头的打击,向其他寡头传递出不要再有任何"非分之想"的信号。③ 普京第一任期国家形态从俘获型向自主型的转变过程,清楚地展现出本文提出的因果机制。一方面,一元政治力量结构下,政权对资本集团的需求大大减少,可以相对没有顾忌地打击寡头;另一方面,普京政权清晰的政治前景使其能够充分掌握国家机器,并以之反制寡头。而资本集团面对着有着较强凝聚力又掌握着国家机器的执政集团,是很难有还手之力的。

在对寡头进行清算之后,政权开始逐渐在重点行业建立国家主导体制。④ 尤科斯案之后,这一进程加速,国家和国有经济成向各领域扩张。一批巨型国有企业被组建起来,控制了俄罗斯国民经济的命脉。同时,政治精英被派往这些巨型国有企业担任领导职务,被概括为"官僚寡头"在俄罗斯的崛起。⑤ 在"国家—资本"关系中处于国家一侧的政治精英对巨型国有企业的掌控,意味着政治力量不仅摆脱了来自经济场的寡头的干预和俘获,而且进一步反向实现了对经济场的控制。这一时期经济场当中的私营企业要想得到生存发展,就必须与政权保持良好的关系。这无疑显示出俄罗斯的"国家—资本"关系和国家形态已经发生了根本性的逆转。

---

① Richard Sakwa, *Putin and the Oligarch: The Khodorkovsky-Yukos Affair*, p. 62; Wojciech Konończuk, "The 'Yukos affair': its Motives and Implications,", Prague OSW/CES Studies, no. 25, Centre for Eastern Studies, Warsaw, 2006, p. 35.
② "Kasyanov Points to Putin in Khodorkovsky Case," https://robertamsterdam.com/kasyanov_points_to_putin_in_khodorkovsky_case/.
③ Stephen Fortescue, *Russia's Oil Barons and Metal Magnates: Oligarchs and the State in Transition*, p. 148.
④ 张昕:《国家资本主义、私有化与精英斗争——近期俄罗斯"国家-资本"关系的两重逻辑》,《俄罗斯研究》2012 年第 6 期,第 87 页。
⑤ Lilia Shevtsova, *Russia Lost in Transition: The Yeltsin and Putin Legacies*, Washington D.C.: Carnegie Endowment for International Peace, 2007; Daniel Treisman, "Putin's Silovarchs,", *Orbis*, vol. 51, no. 1, 2007.

(三) 乌克兰库奇马和尤先科时期 (1994—2010 年)

库奇马和尤先科任总统时期的乌克兰同样呈现出政治场的多元力量结构。执政集团为应对来自反对派的压力，不得不寻求资本集团的帮助，进而导致国家俘获状态。2004 年的"橙色革命"也未能改变这种多元力量结构，资本集团对政治进程和国家治理的干预未能得到遏制，反而进一步加深。

以 2000 年的"贡加泽案"①为界，库奇马任总统的十年可分为前后两个阶段。第一阶段当中，政治场域主要呈现出政权与强有力的左翼反对派两军对垒的局面。第二阶段，尤先科和季莫申科阵营逐渐成长起来，成为政权力量的劲敌。

1994 年库奇马上台时面对的就是此前选出的左翼占三分之一强，中派和亲政权力量四分五裂的最高拉达。而政权在新宪法问题上与议会的漫长拉锯也显示出多元力量结构下反对派对执政集团的牵制。1998 年的最高拉达选举，既进一步展示了这一时期乌克兰政治场域的多元力量结构，同时也是资本集团成规模干预乌克兰政治进程的开端。库奇马执政前期更多依靠在第聂伯罗彼得罗夫斯克任职时期形成的非正式精英网络，未能建成属于自己的强有力的政权党。②面对左翼阵营的强大压力，库奇马不得不与寡头结盟，由他们建设支持政权的党派。在这次选举中，左翼阵营获得将近四成议席。政权方面的主要力量则是资本集团控制和资助的所谓中派政治势力和相关政党，尽管是议会第二大阵营，但在议席方面仍远落后于左翼阵营。③这些政党身处寡头的控制之下，与库奇马是合作关系，在组织上不受其控制。④除了资助政党，一批寡头还亲自参选最高拉达议员。寡头同样在 1999 年的总统选举中为库奇马提供了资金、传媒、政治、技术

---

① "贡加泽案"，也称"库奇马门"事件、"磁带门"事件。2000 年，对当局持批评态度的独立记者贡加泽遇害，之后一份由库奇马的警卫梅利尼琴科录制的磁带爆出，其中记载了包括腐败、选举舞弊、滥用公款等库奇马的不法行为，而最具爆炸性的就是库奇马下令对贡加泽采取行动。录音的公布立即引发轩然大波，库奇马民望大跌。

② Lucan Way, "Rapacious Individualism and Political Competition in Ukraine 1992 - 2004," *Communist and Post-Communist Studies*, vol. 38, no. 2, 2005, p. 196.

③ 社会民主联合党的背后是梅德韦丘克和基辅集团、乌克兰劳工党则是属于第聂伯罗彼得罗夫斯克集团的平丘克所建，地区党则属于顿涅茨克集团。参见 Георгий Касьянов, *Украина 1991 - 2007: очерки новейшей истории*, Наш час, 2008, с. 242; Taras Kuzio, Oligarchs, Tapes and Oranges: "'Kuchmagate' to the Orange Revolution," *Journal of Communist Studies and Transition Politics*, vol. 23, no. 1, 2007, p. 31.

④ Lucan Way, "'The Party of Power': Authoritarian Diaspora and Pluralism by Default in Ukraine," *Democratization*, vol. 28, no. 3, 2021, p. 493.

等多方面支持。① 库奇马通过两轮选举才艰难赢得选战，第一轮选举中左翼阵营的得票率甚至高于库奇马，显示出左翼反对派强大的实力。②

正当库奇马开始新的总统任期时，"贡加泽案"改变了乌克兰的政治进程，库奇马的支持率跌至个位数，并一直持续到其任期结束，库奇马政权迅速陷入被动局面。在寡头的攻击下黯然下台的尤先科和季莫申科则各自组建或发展了新的中右翼政党。这种由政权内人士背离政权后组建的政党，相较纯体制外反对党往往对政权能构成更大的威胁。③ 2002年的最高拉达选举结果表明，政权的主要对手已经从左翼反对派转变为尤先科和季莫申科阵营，双方旗鼓相当，甚至反对派阵营略占优势，政治场域继续呈现为多元力量结构。

面对巨大的政治压力，库奇马政权只能进一步加强同资本集团的联系：由顿涅茨克集团支持的亚努科维奇被提名为总理，其组建政府时又任命了一批来自寡头集团的精英。同时，库奇马政权又推动了一批大型国有企业的私有化。这些企业基本都落入了寡头手中。④

表3　　　　　　　　　　库奇马时期乌克兰最高拉达选举结果

1994年*			1998年			2002年		
派系	比例代表制得票率（%）	总席位	派系	比例代表制得票率（%）	总席位	派系	比例代表制得票率（%）	总席位
左翼	18.6	116	左翼	40.6	173	左翼	34.4	87
中派	3.4	12	中派	30.8	102	亲政权	28.2	148
右翼	11.6	40	右翼	19.4	59	反对派	31.4	134

---

① Георгий Касьянов, *Украина 1991 – 2007: очерки новейшей истории*, с. 241; Andrew Wilson, *The Ukrainians: Unexpected Nation (Fourth edition)*, New Haven, C. T.: Yale University Press, 2015, p. 202.

② 这次选举中，面对强势的左翼反对派阵营，政权采取了分散左翼阵营选票的策略，并动用行政资源打压竞争力的社会党候选人莫罗兹，而对更为强硬的乌克兰共产党候选人西蒙年科未进行太多骚扰，甚至暗中支持。最终，第一轮选举库奇马、乌克兰共产党候选人西蒙年科、乌克兰社会党候选人莫罗兹的得票率分别为36.5%、22.2%、11.3%。再加上进步社会主义党的总统候选人维连科，左翼阵营的三位候选人总得票率44.5%，远超库奇马的36.5%；但政权的策略发挥了作用，更有威胁的莫罗兹未能进入第二轮选举，库奇马则以56.3%对37.8%战胜了西蒙年科。

③ James Loxton and Timothy Power, "Introducing Authoritarian Diasporas: Causes and Consequences of Authoritarian Elite Dispersion," *Democratization*, vol. 28, no. 3, pp. 465 – 483

④ 有关本轮私有化的具体情况，参见 Yuliya Yurchenko, *Ukraine and the Empire of Capital: From Marketisation to Armed Conflict*, London: Pluto Press, 2018, pp. 83 – 85。

续表

1994年*			1998年			2002年		
派系	比例代表制得票率（%）	总席位	派系	比例代表制得票率（%）	总席位	派系	比例代表制得票率（%）	总席位
独立	—	170	独立	—	116	其他**	—	80
总计	—	338	总额	—	450	总额	—	449

* 1994年最高拉达选举时，库奇马尚未当选总统。

** 含其他政党和独立候选人。

资料来源：Anders Åslund, *How Ukraine Became a Market Economy and Democracy*, Washington, D. C.: Peterson Institute, 2009, pp. 65, 118, 156.

面对孱弱的库奇马政权，资本集团一方也全面加强了对政治进程和国家治理的干预。乌克兰的重要企业家大多在2002年最高拉达选举中当选议员，这部分议员在最高拉达内的占比从1998年的三分之一增加到了三分之二。[①] 资本集团还加强了对内务部等强力部门的掌控，试图直接掌握国家机器。还有一些库奇马阵营的寡头转投尤先科阵营，显示出多元力量结构下资本集团的分散投资。[②] 而尤先科与季莫申科为同库奇马相抗衡，主动与寡头合作，也为"橙色革命"之后寡头干政的延续埋下了伏笔。

2004年的"橙色革命"是乌克兰政治场域多元力量结构最集中的体现。执政集团与反对派在总统大选及围绕选举爆发的街头斗争中展开激烈交锋。[③] 最终，尤先科当选总统，但库奇马政权也成功在此期间修改宪法，大幅削减了总统权力，建立起总统—总理的二元体制，双方在这一轮较量中各有得失。

尤先科任总统时期，乌克兰政治场域呈现出尤先科、季莫申科、亚努科维奇

[①] Anders Åslund, *How Ukraine Became a Market Economy and Democracy*, p. 158; Anders Åslund, "The Ancien Régime: Kuchma and the Oligarchs," in Anders Åslund and Michael McFaul, eds., *Revolution in Orange: The origins of Ukraine's Democratic Breakthrough*, Washington, D. C.: Carnegie Endowment for International Peace, 2006, pp. 21 - 22.

[②] Andrew Wilson, *Ukraine's Orange Revolution*, New Haven, C. T.: Yale University Press, 2005, p. 62.

[③] 2004年总统选举第一轮结果是尤先科39.9%对亚努科维奇的39.3%，但独立出口民调显示，尤先科得票率为44%—45%，亚努科维奇则为37%—38%。第二轮结果是亚努科维奇49.5%对尤先科46.6%，尤先科方面和欧盟选举观察员认为第二轮投票中存在极其严重的选举舞弊现象，随之引发尤先科阵营支持者强烈不满，并展开了大规模街头斗争。最终双方达成妥协，以同意修宪作为代价举行了第三轮投票，尤先科以52%对44%战胜亚努科维奇当选总统。

三足鼎立的多元力量结构。"橙色联盟"在"橙色革命"结束后迅速分裂，未能一鼓作气对旧政权势力进行清算。亚努科维奇则凭借乌东部地区寡头集团和俄罗斯的支持迅速恢复元气。三方势力在这一时期围绕政府的形成反复折冲樽俎，合纵连横，总统和总理两大行政权力中心从未被同一阵营掌握。因此，这一时期甚至未能出现相对稳定的执政集团。

表4 尤先科和亚努科维奇时期乌克兰最高拉达选举结果

2006 年			2007 年			2012 年		
政党	比例代表制得票率（%）	总席位	政党	比例代表制得票率（%）	总席位	政党	比例代表制得票率（%）	总席位
地区党	32.1	186	地区党	34.4	175	地区党	30.0	187
季莫申科联盟	22.3	129	季莫申科联盟	30.7	156	季莫申科联盟	25.54	103
"我们的乌克兰"	14	81	"我们的乌克兰"	14.2	72	乌克兰改革民主联盟	13.96	40
其他	—	54	其他	5.4	47	其他*	13.18	120
总额	—	450	总额	—	450	总额	—	450

*包括其他政党和独立候选人，其中44名独立候选人在最高拉达组建时投向亲政权党团。

资料来源：Anders Åslund, *How Ukraine Became a Market Economy and Democracy*, pp. 214, 220; Andrew Wilson, *Ukraine Crisis: What It Means for the West*, New Haven, C.T.: Yale University Press, 2014, p. 62.

由于多元政治力量结构的持续，国家仍处于被寡头俘获的状态。"橙色革命"后，资本并未受到任何实质性的清算。首先，相当一部分库奇马阵营内的寡头两面下注，本身与橙色阵营就有着紧密联系。其次，橙色阵营内部存在分歧，难以步调一致地对寡头势力进行打击。季莫申科就任总理后一度采取了一些改革措施，并选择性地开展了针对亲库奇马寡头的重新私有化运动，却被总统尤先科叫停。①

这一时期寡头继续对乌克兰的政治进程和国家治理发挥着巨大的影响力。由于三方在政治场域争斗剧烈，因此都致力于获得手握经济社会资源的寡头的支

---

① Anders Åslund, *How Ukraine Became a Market Economy and Democracy*, pp. 204–209.

持。后"橙色革命"时期议会内执政联盟的组建、政府的组成都受到资本集团的巨大影响。2010年的总统选举中,季莫申科和亚努科维奇也都受到了寡头的大力支持。① 国家治理方面,除季莫申科第一次任总理时曾采取激进的反寡头政策,之后包括其在内的数任总理无不采取有利于寡头的经济政策,即使引发民众反对也未有动摇。② 资本集团也深度影响了乌克兰的对外政策。在资本集团强有力的推动下,乌克兰加入世界贸易组织。③ 还有学者认为,后"橙色革命"时期乌克兰在外交上的游移不定,正是因为受到了寡头多向经济利益的影响。波罗申科、菲尔塔什等对尤先科有巨大影响力的寡头同俄罗斯的经济利益关系使尤先科不得不采取克制的全方位外交。④

(四) 乌克兰亚努科维奇时期(2010—2014年)

乌克兰政治场域在经历了长时期的多元力量结构后,终于在亚努科维奇时期出现了向一元方向发展的趋势。不过,亚努科维奇执政仅四年就被"迈丹革命"打断,政治场域也仅仅是出现了一元化趋势,并没有真正形成一元力量结构。即便如此,乌克兰的"国家—资本"关系仍然发生了变化,国家自主性有所上升。

2010年,亚努科维奇通过两轮投票,最终战胜季莫申科,但双方得票率高度接近,展示了前一时期的政治场域力量结构的多元特征。⑤ 亚努科维奇上台后,首先通过多种手段重组了议会党团,提前2年终结了季莫申科政府,组建了完全听命于自己的阿扎罗夫政府。尤先科时期长期存在的政权内总统—总理二元权力的问题迅速得到解决。亚努科维奇还充分运用司法手段扩充权力,打击政敌。在他的操控下,宪法法院恢复了总统一元体制。尤先科、季莫申科阵营的精

---

① Sławomir Matuszak, "The Oligarchic Democracy: The Influence of Business Groups on Ukrainian Politics," p. 34.
② Rosaria Puglisi, "A window to the world?" in Sabine Fischer and Rosaria Puglisi and Kataryna Wolczuk and Pawel Wolowski, eds., *Ukraine: Quo Vadis?*, European Union Institute for Security Studies (EUISS), 2008, pp. 64 – 65.
③ Sławomir Matuszak, "The Oligarchic Democracy: The Influence of Business Groups on Ukrainian Politics," p. 64.
④ Lidiya Zubytska, "Oligarchs in Ukrainian Foreign Policymaking: Examining Influences in Transnational Politics," *Jahrbuch für Wirtschaftsgeschichte*, vol. 60, no. 2, 2019, pp. 343 – 349.
⑤ 第一轮投票结果是亚努科维奇35%对季莫申科25%,第二轮结果是亚努科维奇49%对季莫申科45.5%。

英也遭到大规模清算。① 这种通过司法手段对前政权人员的清算是后"橙色革命"时期从未出现过的。而2012年的最高拉达选举中，政权势力在议会内顺利过半，取得了对主要反对派"季莫申科联盟"的巨大优势，轻松地完成了政府组建。

从这一时期通过人事和法律手段形成的强总统权力体系，到对反对派力量司法形式的打压，再到最高拉达内的亲政权多数及其所带来的完全听命于总统的总理和政府，都体现出这一时期乌克兰政治场域与尤先科时期不同的特点。执政集团对政局的掌控大大增强，政治场域中的力量结构无疑在向一元化方向发展。不过，乌克兰政治场域还远未出现一元权力结构。尽管季莫申科本人入狱，但其背后的政治势力并未被当局打垮，且保持着相当实力。同时，反对派在乌克兰中西部地区有着雄厚的民众基础，并受到来自西方国家的支持。因此，当2013年底亚努科维奇在欧盟与俄罗斯间摇摆，引发乌克兰中西部地区民众强烈不满后，反对派得以迅速形成集体行动。最终，在民众、反对派和西方国家三方推动下，亚努科维奇政权垮台。

亚努科维奇时期政权对政治场域掌控能力的增强，以及政治力量结构一元化趋势的出现，带来了这一时期乌克兰"国家—资本"关系的变化。这种变化体现在两方面。一方面，寡头对政治进程和国家治理的干预受到一定程度的遏制。首先，能够参与到政权当中对国家治理产生较大影响的寡头范围大大缩小。2010年亚努科维奇上台时，有9个寡头集团参与到政府当中，但2014年时，内阁中仅剩与阿赫梅托夫和菲尔塔什这两位与亚努科维奇有着极其紧密个人联系的寡头的势力。② 与此同时，亚努科维奇与这部分寡头的关系也发生了变化：之前，亚努科维奇在相当程度上是他们的"门徒"，最多是合作伙伴，现在寡头却是唯亚努科维奇马首是瞻。"迈丹革命"后从亚努科维奇住所处抄出的文件显示，这些与亚努科维奇关系亲密的寡头需要将自身利润的50%"上供"。③ 亚努科维奇执

---

① 除了季莫申科本人被捕入狱外，另有13名来自季莫申科阵营的前政府高级官员（包括4名内阁部长，5名副部长，2名部门负责人，1名州长和1名国家天然气公司的负责人）锒铛入狱。参见 Andrew Wilson, *Ukraine Crisis：What It Means for the West*, p. 49.

② Андерс Ослунд, "Кризис на Украине：Янукович и его олигархи," https：//www.bbc.com/russian/international/2013/12/131212_ukraine_yanukovich_tycoons.

③ Taras Kuzio, *Ukraine：Democratization, Corruption, and the New Russian Imperialism*, Santa Barbara：Praeger International, 2015, p. 423.

政期间，阿赫梅托夫和菲尔塔什等寡头一度面临遭俄罗斯式清洗的危险。①

另一方面，一个由总统亚努科维奇身边"近臣"组成、由其子掌管、被称作"家族"的资本集团迅速成长起来。"家族"是一个庞大的商业帝国，所有寻租空间较大的重要部委和国有垄断性企业几乎都有其身影。②"家族"低价收购各种企业，包括寡头在内的经济精英并不敢公开反抗，只能忍气吞声，谨守中立。③；还利用政治权力直接进行寻租和挪用国有资产。④根据"迈丹革命"后新政府的调查，亚努科维奇政权在垮台前夕仅现金形式的资金转移就达320亿美元。⑤

亚努科维奇时期乌克兰"国家—资本"关系的变化与这一时期乌克兰政治场域力量结构的一元化趋势有着紧密的联系。一方面，反对派受到有力打击，在以选举为代表的合法的政治斗争中对亚努科维奇政权的威胁有所降低。政权拥有议会内稳定的多数，控局能力大大增强。这就使亚努科维奇对资本集团经济、传媒等方面的支持的需求下降；另一方面，亚努科维奇政权对国家机器的掌握程度明显超过尤先科时期。此前政府的反复更迭和执政集团内部的多头、破碎局面，使官僚集团无所适从，执政集团不可能稳固地掌握国家机器。而亚努科维奇一方面结束了"总统—总理"二元权力体制，另一方面高度重视政权党地区党的建设。与尤先科和季莫申科建立的松散政党不同，地区党有着严明的纪律、全国最庞大的基层政党组织网络和乌克兰其他政党无法比拟的凝聚力。⑥这一时期政府内部的主要官员，以及一大批地方行政长官也由地区党党员充任。当一个团结的精英集团掌握着国家机器，尤其是暴力机器的情况下，执政集团自然能够不再受制于寡头，并依靠其手中掌握的国家机器对寡头进行威胁和规制。

---

① Kateryna Zarembo, "EU-Ukraine DCFTA: What Do oligarchs Think?" Policy Brief, Institute of World Policy, 2012.

② Sergii Leshchenko, "Ukraine: Yanukovych's 'Family' spreads its tentacles," https://www.opendemocracy.net/en/odr/ukraine-yanukovychs-family-spreads-its-tentacles/.

③ Андерс Ослунд, "Кризис на Украине: Янукович и его олигархи," https://www.bbc.com/russian/international/2013/12/131212_ukraine_yanukovich_tycoons.

④ Serhiy Leshchenko, "Sunset and/or Sunrise of the Ukrainian Oligarchs after the Maidan?" in Andrew Wilson, ed., *What does Ukraine Think*? European Council on Foreign Relations, 2015, pp. 100 – 101.

⑤ Guy Faulconbridge, Anna Dabrowska and Stephen Grey, "Toppled 'Mafia' President Cost Ukraine up to $100 Billion, prosecutor says," https://www.reuters.com/article/us-ukraine-crisis-yanukovich-idUSBREA3T0K820140430.

⑥ Lucan Way, *Pluralism by Default: Weak Autocrats and the Rise of Competitive Politics*, pp. 79 – 80.

表 5　案例概览

案例	政治力量结构	国家形态
俄罗斯叶利钦时期	多元	被资本集团俘获，国家自主性低
俄罗斯普京时期	一元	挣脱资本集团俘获，国家自主性高
乌克兰库奇马、尤先科时期	多元	被资本集团俘获，国家自主性低
乌克兰亚努科维奇时期	多元向一元方向发展	部分挣脱资本集团俘获，国家自主性有所提高

五　结论

转型以来俄乌两国出现这种前期相似后期不同的国家形态演变路径的原因，正在于两国政治力量结构在转型过程中的变化。转型开始后，两国的政治场域都呈现出多元力量结构的特性，执政集团为应对反对派威胁，不得不与在大转型中迅速崛起的资本集团结盟，在自身政治前景不明因而难以掌握官僚集团的情况下，国家也随之陷入被资本集团俘获的状态。在乌克兰，这种多元政治力量结构始终未能被彻底改变，国家也深陷俘获状态难以自拔。亚努科维奇时期随着政治力量结构出现向一元方向转变的趋势，乌克兰的国家自主性一度有所提高，但这一进程随即被"迈丹革命"打破。俄罗斯则在普京时期实现了政治力量结构的一元化，资本集团被清除出政治场域，国家自主性得到恢复。通过对案例的研究我们可以发现，政治力量结构的特性对转型以来俄乌两国的国家形态和国家自主性水平有着显著影响。强国家自主性来自统治集团对资本集团的无所欲求及对国家机器的充分掌握，而在俄乌两国的语境中，这取决于是否能形成统治集团在政治场域中占据充分优势的一元力量结构。

本文基于转型以来俄罗斯和乌克兰国家形态变化的考察所提出的解释框架补充和丰富了现有的国家自主性理论。20世纪90年代以来，政治社会学领域越发认识到既有国家自主性理论存在的弱点：新马克思主义国家理论有着功能主义的理论内核，本质上是一种静态理论，因而难以解释国家自主性的强弱变化；"回归国家"学派偏重于对组织结构因素的讨论，虽然已经意识到国家自主性与具体历史情势的紧密联系，却未进行系统分析。在这种情况下，新一代的政治社会学家提出，对国家自主性的讨论，必须进入国家内部，理解国家行动者自身的行动逻辑。① 本文承继了这一批学者的研究思路，将国家的组织结构与作为国家自主性承载者的统治集团面临的具体情势相结合，着重考察了转型时期俄乌两国统治集团在当时特定历史情势下的行为逻辑。

经典作家对国家自主性的情势解释，一方面关注社会势力间的斗争，另一方面更多从物质和制度的层面评估统治集团所掌握的国家机器的强弱及其对国家自主性的影响。但本文认为，不仅国家机器的强弱重要，统治集团对国家机器的掌握程度本身也非常重要。并且这种掌握程度会受到政治场域斗争形势的影响。国家机器所蕴含的强制力并不是天然被掌握在统治集团手中。这也就解释了为什么脱胎于苏联这个"强制密集型"国家的俄罗斯和乌克兰，会在转型开始以后被资本集团俘获。同时，这一解释框架将作为国家组织结构基础的官僚集团与行为逻辑受到具体情势影响的统治集团串联在一起，既回应了国家自主性理论中的一个重大争议，即统治集团和官僚集团各自同国家自主性的关系，又实现了国家自主性生成的两大解释路径（结构解释和情势解释）的有机统一，从而丰富和补充了现有的国家理论。

本文这一理论框架能在多大程度上解释其他国家的国家形态和国家自主性变化，也即本文的外部有效性（external validity）问题，限于目前的研究情况，只能在论文的结尾作初步且扼要的说明。

苏联遗产与大转型是观察欧亚国家"国家—资本—社会"关系所必须关注到的两大核心背景因素，也与前文所述的本文理论框架的成立前提紧密相关。全能主义体制的瓦解一方面为社会力量的活动开放了空间，另一方面也造成了国家权力资源的大量流散。而正是在这两点上程度的差异，塑造了欧亚转型国家不同的"国家—资本—社会"关系，也决定了本文从政治力量结构出发讨论国家形态和国家自主性的理论适用性。

像白俄罗斯、土库曼斯坦、阿塞拜疆这样的国家，转型进程开始后，政治活动空间仍然基本保持关闭状态，也未发生国家资源的系统性流散，经济资源由国家垄断。② 因此，政治场域当中很难出现有威胁的异质性力量，基本呈现出一元

---

① 张跃然：《将阶级带回"发展型国家"：政治社会学、历史社会学与社会科学中的理论发展》，《社会学评论》2021年第6期。

② 白俄罗斯在转型开始以后，一度有过政治空间相对开放，经济上进行私有化的时期。但都在1994年卢卡申科当选后被逆转。参见潘德礼主编《原苏联东欧国家政治转轨比较研究》，社会科学文献出版社2015年版，第146—147页。

的力量结构，也基本不存在能够对国家产生影响、与之进行具体政治意义的互动的资本集团与社会势力。因此，国家就是一切，执政集团的意志几乎不会受到社会势力的影响。

另一部分国家则恰恰相反，因为种种原因，苏联解体转型开始之后，这些国家出现了强大的资本集团，没有他们的支持，执政集团几乎无法进行统治。除了本文讨论的叶利钦时期的俄罗斯和乌克兰外，格鲁吉亚、亚美尼亚、摩尔多瓦也曾在一定的时间段内出现过强大资本集团俘获国家的情况，这些国家政治场域的力量结构与国家自主性强弱和"国家—资本"关系变迁的关系，基本可以印证本文的理论框架。[①] 不过，由于这三国国家建构水平相对较低，尤其是以强力部门为代表的国家机器的能力低于俄罗斯和乌克兰，[②] 使得这三国国家俘获的形式与俄乌有所不同，有时寡头不是通过与某一政治势力结成政经联盟，并夺取联盟主导权的方式干政，而是亲自下场，直接参与政治竞争。

而对除土库曼斯坦以外的中亚国家来说，一方面，除吉尔吉斯斯坦外，其他国家的政治空间也较为封闭，政权以外基本不存在成气候的反对派。另一方面，这些国家也没有发展出太过强大的资本集团。哈萨克斯坦的所谓"寡头"更多的是政治权力的附属品，反向干预政治场域的能力十分有限。[③] 对这些国家来

---

① 关于这三国政治力量结构与国家自主性、"国家—资本"关系的基本情况，可分别参见 Scott Radnitz, The color of money: privatization, economic dispersion, and the post-Soviet "revolutions", *Comparative Politics*, 2010, 42: 2, pp. 127 – 146; Kamil Całus, Moldova: from oligarchic pluralism to Plahotniuc's hegemony, *Osw Commentary*, No. 208, 2016; Ryan Knight, *The Public has no Outrage Left: State Capture in the Republic of Moldova*, Master Thesis, Georgetown University, 2019; Ion Marandici, Taming the oligarchs? Democratization and state capture: the case of Moldova, *Demokratizatsiya: The Journal of Post-Soviet Democratization*, 29: 1 2021, pp. 63 – 89; Wojciech Konończuk & Denis Cenuşa &Kornely Kakachia, Oligarchs in Ukraine, Moldova and Georgia as key obstacles to reforms, Brussels: Centre for European Policy Studies, 2017; Yulia Antonyan, Being an "Oligarch" in the Armenian Way, in Yulia Antonyan ed. Elites and "Elites": Transformations of Social Structures in Post-Soviet Armenia and Georgia, Academic Swiss Caucasus Net (ASCN), 2016.

② Lucan Way, Authoritarian State Building and the Sources of Regime Competitiveness in the Fourth Wave: The Cases of Belarus, Moldova, Russia, and Ukraine. *World Politics*, vol. 57, no. 2, 2005, pp. 231 – 261; Henry Hale, *Patronal Politics: Eurasian Regime Dynamics in Comparative Perspective*, Cambridge University Press, 2015.

③ 克罗齐和拉德尼茨的论文都讨论了在哈萨克斯坦的一元政治力量结构下，尽管同样有过私有化和再国有化的反复，但哈萨克斯坦的资本集团是怎样依附于政权而存在的。见 Morena Skalamera Groce, Circling the barrels: Kazakhstan's regime stability in the wake of the 2014 oil bust, *Central Asian Survey*, 2020, 39: 4, pp. 480 – 499; Scott Radnitz, The color of money: privatization, economic dispersion, and the post-Soviet "revolutions", *Comparative Politics*, 2010, 42.2, pp. 141 – 142.

说，影响国家自主性的可能更多的是以"部族"为代表的社会势力。①

以上仅仅是对欧亚转型国家中政治力量结构与国家形态、国家自主性强弱的一个极其简单的、印象式的讨论。这一问题在未来还有着十分广阔的研究空间，有待进一步深入发掘。正如本文在此前反复强调的，自20世纪90年代以来逐渐成为北美政治社会学主导范式和核心问题意识的"国家—社会"关系，在既往的研究中更多从国家与社会的二元对立出发，研究其在经验现实中如何互动、融合与相互渗透。在这一过程中，国家往往被视作一个单一的行动主体，且研究的重心被放在了国家与社会二者的互动乃至较量本身。本文则强调，政治场域内部的斗争本身就会影响到国家与其他社会势力的互动，而国家内部也存在着执政集团与官僚集团的分野。这实际上提示我们，未来对欧亚转型国家的"国家—资本—社会"关系间进行考察时，需要着重对国家一侧予以关注，对国家内部予以关注。尽管欧亚国家的大转型始于全能主义体制的瓦解，但从欧亚国家三十年的转型实践看，"告别国家"即使在学术研究当中也依然任重道远。

---

① Kathleen Collins, *Clan Politics and Regime Transition in Central Asia*, Cambridge University Press, 2006, pp. 335 – 344.

Abstracts

On the Competition and Change in World Politics

[**Editor's Note**] As a main line of the development and change of international relations, competition between countries has had a far-reaching impact on world politics. On the one hand, the competition between countries has influenced the changes of the world order; on the other hand, the competition between countries affects the internal political and economic development of each country. Competition between countries has raised many important research questions for the study of world politics. To this end, we invited 10 well-known scholars from relevant academic fields to discuss the following four basic issues: (1) International competition and international order; (2) Geopolitical competition and world political change; (3) Technological competition and world political change; (4) International institutional competition and world political change. We look forward to stimulating in-depth thinking on competition and world order change in the academic community through this set of contributions.

The Time Dimension of Global Politics and the Dynamic Evolution of Great Power Competition

Cao Dejun

[Abstract] Everything flows, and time constitutes the basic dimension of global politics. The temporal variable of global politics is characterized by the interweaving of subjectivity and objectivity, and the superposition of structure and dynamism. Returning to the time scale to understand global politics, it is important to recognize the spiral of historical processes and the wave-like advancement of social development. In the process of mutual shaping of structures and agents, the temporality of global politics unfolds at Macro, Meso and Micro levels. At the Macro level, the adjustment of the international system demonstrates the evolution of the global political life cycle under the power competition of great powers. On the one hand, the long cycle of the rise and fall of great powers is closely related to the remodeling of the reshaping of the post-war international order, and global political and economic development trends show a historical pendulum effect. On the other hand, there are different timing differences in path dependencies, and the development trajectories of major key nodes are full of uncertainties. At the Meso level, intertemporal choices in games between major powers are constrained by the time horizons of rising powers and hegemonic powers. In the context of power transfer, differences in the understanding of risks and returns between hegemonic powers with a short-term time horizon and rising powers with a long-term time horizon lead to differentiation in competitive strategies. At the Micro level, diplomatic decision-making and international negotiations show rhythm changes of acceleration, delay, deflection, rupture and continuation driven by internal and external factors. When time is becoming "ripe", both parties in the game want to get rid of the confrontation and actively seize the window of opportunity to resolve the crisis, and therefore have the "timing" advantage for negotiation. Understanding global time from the perspective of practical interactions helps to transcend the binary division between linear time and cyclical time, and to examine the complex dynamic picture of global politics from the perspective of historical evolution.

[Keywords] Global Politics; Rise and Fall of Hegemony; Time Perspective; Window of Opportunity; Strategic Rhythm

[Author]　Cao Dejun, Associate Professor, School of International Studies, Renmin University of China

Why the U. S. Dollar unpegged from Gold is Still the World Currency: Organizational Capability from Enterprises and National Structural Power

Li Chenyang

[Abstract]　Why the U. S. Dollar is still the world currency after the closure of the "gold window" in 1971? Looking through the U. S. Dollar's dominance in oil pricing, this paper argues that the organizational capability of oil supply in the United States, which acts as a structural force in world political economy, contributes to the persistence of its monetary hegemony. Oil is a commodity with systematic importance in the contemporary world. The organizational capability of oil supply is primarily owned by oil companies, and the difference of capabilities among companies impacts their home countries' structural power in global political economy. As the pioneer in the petroleum industry, the United States has incomparable advantage in global oil supply, which shapes the ranges of pricing currencies for oil importers and exporters. This structural force, which remains after the collapse of the Bretton Woods system, is a prerequisite for the petrodollar system and the U. S. dollar's status as the world currency today. The findings above not only lead to a deeper understanding of American financial hegemony in contemporary world, but also provide inspiration for government-enterprise interaction in China's participation in the process of global governance.

[Keywords]　World Currency; Structural Power; Organizational Capability; Petrodollar; Global Governance

[Author]　Li Chenyang, Ph. D Candidate, School of Government, Peking University

Political Power Structure and State-Capital Relations in Transition Countries
—The Evolution of State Forms in Russia and Ukraine as an Example

Nie Yucheng

[Abstract]　After the beginning of the transition, Russia and Ukraine became captured states. With the continuation of the transition, in Russia, the state broke away from the capture of capitalist groups and regained autonomy, while in Ukraine, the state was continuously captured by capitalist groups. The thesis aims to provide a unifying causal explanation for the different paths of evolution of state form in the two countries and to develop a theoretical framework for explaining changes in the level of state autonomy in the transition countries. The power structure in the political field determines state-capital relations and the level of state autonomy in Russia and Ukraine. Under the pluralist power structure, political forces are forced to seek the help of capitalist groups and building political-economic alliances with them in order to win political competition; the bureaucrats, especially securocrats, will adopt the strategy of opportunism and it is difficult for the ruling group to use the state apparatus to curb the capitalist groups, which enables the capitalist groups to seize dominance of the political-economic alliance and capture the state. Under the unitary political power structure, the demand of the political forces for the capitalist groups decreases, and the ruling group is better able to control the bureaucrats, thus directly containing the capital groups or blocking the conversion of economic capital to political power, so that the state can escape from the capture of the capitalist groups and gain autonomy, or even control over capital. This paper verifies this theoretical framework by examining the power structure and the level of state autonomy and the change of state form in different periods of Russia and Ukraine since the transition.

[**Keywords**]　State Autonomy; State Capture; State-capital Relations; Political Power Structure; Postcommunist Transitions

[**Author**]　Nie Yucheng, Assistant Research Fellow, Institute of Russian, Eastern European & Central Asian Studies, Chinese Academy of Social Sciences